Meine Nachbarin,
Hildegard von Bingen

Karl-Josef Jungerts

Meine Nachbarin, Hildegard von Bingen

Ein Epos über das Leben einer genialen Frau

Bibliografische Information der Deutschen Bibliothek:
Die Deutsche Bibliothek verzeichnet diese Publikation
in der Deutschen Nationalbibliografie;
detaillierte bibliografische Daten sind im Internet
über <http://dnb.ddb.de> abrufbar.

© 2007 - Karl-Josef Jungerts
Herstellung und Verlag:
Books on Demand GmbH, Norderstedt
Printed in Germany

ISBN-13: 9783837000252

Inhaltsverzeichnis

Vorwort

Hildegard von Bingen, die große Visionärin, die Theologin und Äbtissin, die Mystikerin und Komponistin, die Ärztin und Naturwissenschaftlerin, also: das Superweib des Mittelalters?

Bei uns in Bingen ist es schon immer Tradition gewesen, sich mit seinen Nachbarn mehr zu beschäftigen als mit sich selbst. So war es für mich als Binger nur eine Frage der Zeit, mir Erkundigungen über meine damalige, berühmte Nachbarin Hildegard einzuholen. Ich konnte ja nicht ahnen, dass mich diese „alte Dame" so in ihren Bann zieht, und ich nun sogar ein Gedicht über sie schreibe.

Mit diesem Gedicht möchte ich kein wissenschaftliches Referat halten über das Leben der Hildegard von Bingen und erst recht keine Analyse ihrer zahlreichen Werke und Briefe. Dieses überlasse ich getrost den Historikern und Gelehrten.

Ich möchte nur über Hildegard berichten, wie man über eine Nachbarin berichtet, der man zwar nie persönlich begegnet ist, über die man aber einiges in Erfahrung bringen konnte.

Um Hildegard nur halbwegs verstehen zu können, muss man sich auch mit ihrer Zeit und mit der damals gültigen Welt- und Staatsordnung des Abendlandes auseinandersetzen. Die Erde war noch eine Scheibe und sie blieb es auch noch eine lange Zeit nach Hildegard.

Nicht der Staat, sondern die Kirche prägte die mittelalterliche Gesellschaft. Sie hatte auch das Bildungsmonopol. Das Bildungsprivileg besaß ausschließlich der Adel. Das einfache Volk war von den Stifts- und Klosterschulen ausgeschlossen.

90% der Bevölkerung waren Bauern. Aberglaube war weithin verbreitet. Bernhard von Clairvaux ruft zu den Kreuzzügen. Papst und Kaiser stehen in Fehde. Erste Universitäten sind nur langsam am entstehen. In diese Zeit hinein wird Hildegard im Jahre 1098 geboren.

Das genaue Datum sowie der Geburtsort sind nicht überliefert. Nach neueren Forschungen gilt das heutige Bermersheim bei Alzey als gesichert. Hildegard selbst gibt nur einmal, in ihrer „Scivias", einen Hinweis auf ihr Geburtsjahr.

Damals galten der Geburtsort und das Geburtsdatum als völlig unwichtig. Lediglich dem Todestag wurde große Beachtung geschenkt. Noch heute hat, in überwiegend katholisch geprägten Regionen, der Namenstag einen höheren Stellenwert als der Tag der Geburt.

Nachnamen gab es damals noch nicht. Lediglich den Adligen mit Grundbesitz wurde zu ihrem „Vornamen" das „von" mit dem Ortsnamen angehangen.

So war es erst Kaiser Friedrich I Barbarossa, der später als erster sie mit „Frau Hildegard von Bingen" anspricht. Doch bis dahin verging noch eine lange Zeit.

Hildegard hatte schon als kleines Kind immer wieder Visionen, über die sie aber damals nicht sprach. Durch ihr Verhalten galt sie daher zunächst als etwas sonderbar. Auch plagten sie, nach eigenen Angaben, von kleinauf ständig die unterschiedlichsten Krankheiten. Damit war sie am adligen Heiratsmarkt ihrer Zeit nur schwer „vermittelbar". Heiraten war auch nur innerhalb des eigenen Standes möglich.

Und so kam es zu dem, was damals als üblich galt. Hildegard wurde ins Kloster gegeben. Da die Klöster sozusagen auch als Versorgungsanstalten herhalten mussten, wurden den adligen Kindern eine entsprechend „Mitgift" in Form von Ländereien und Lehen anhand gegeben, die von den Klöstern verwaltet wurden - oft aber nur zu ihrem eigenen Nutzen. Im späten 11. Jahrhundert wurde die Zahl der „für Gott bestimmten Kinder" auf sechs pro Kloster beschränkt. Damit sollte der Missbrauch unterbunden werden, den Klöstern nur noch die „ungeliebten" Kinder zu übergeben, um sich ihrer zu entledigen.

Doch zurück zu Hildegard. Ich habe sie nie als liebevolle und gütige Frau, im „mütterlichen Sinne", kennen gelernt. Sie war wohl eher die strenge Unnahbare, nicht nur gegenüber ihren Zeitgenossen, sonderen auch gegen sich selbst.

Sie gab sich stets kämpferisch, wortgewandt und streitbar, wenn es um ihre gute Sache ging. Auch ließ sie sich von niemandem bevormunden. Hatte sie sich mal etwas in den Kopf gesetzt und war von dem überzeugt, konnte sie keine Macht der damaligen Welt mehr davon abhalten.

Sie war auch mutig genug, sich mit den Kirchenfürsten und dem Kaiser ihrer Zeit anzulegen, sie zu belehren und diese öffentlich zu kritisieren. Andererseits war sie wieder diplomatisch genug, den gleichen Herren mit ihrer weiblichen Beharrlichkeit so lange auf die Nerven zu gehen, bis diese ihr und ihrem Kloster die zum Überleben notwendigen Schutzbriefe ausstellten.

Sicherlich halfen ihr dabei ihre adlige Herkunft sowie ihre stetig wachsende Popularität. Ihr letzter Streit allerdings, mit dem Mainzer Domkapitel, sollte sich nach Hildegards Tod im Jahre 1179, bei ihrem späteren Heiligsprechungsverfahren noch rächen.

Bestimmt war Hildegard kein „zänkisches Weib". Ich wollte lediglich aufzeigen, wie stark sich diese Frau in der damaligen Welt durchzusetzen vermochte - trotz ihrer lebenslanger Kränklichkeit - trotz der mittelalterlichen Stellung der Frau. Thomas von Aquin, der viel zitierte Kirchenlehrer, bezweifelte noch ein Jahrhundert nach Hildegards Tod, ob eine Frau überhaupt wirklich eine Seele besitzt. Der Name Hildegard bedeutet: „Die kämpferisch-Schützende". Wie wahr.

Leider gibt es heute keine persönlichen Dinge von ihr in einem Museum zu besichtigen. Nur wenige Gebäude sind noch vorhanden, die sie betreten hatte. Die Ruinen des Klosters Disibodenberg, die Arkaden des Klosters Rupertsberg, die Brückenkapelle der Drususbrücke sowie die Krypta der Basilika St. Martin in Bingen gelten als historisch belegt.

Mittelalterliche Abschriften wie der „Lucca-Codex", der „Riesencodex" oder ihre Briefe und Urkunden sind einer breiten Öffentlichkeit nicht zugänglich.

Im *„Museum am Strom - Hildegard von Bingen"* in Bingen wird ihr Leben in einer Daueraustellung eindrucksvoll dokumentiert. In der Rochuskapelle zu Bingen sowie in der Pfarrkirche in Eibingen mit dem Schrein der Hildegard wird das Gedächtnis zu ihrer Ehre bewahrt. In der heutigen Abtei St. Hildegard in Eibingen wird ihr Glaube noch gelebt.

Hildegard wurde, trotz mehrfachen Bemühungen, niemals offiziell heilig gesprochen. Doch von uns und von vielen anderen wird sie als „Volksheilige" verehrt.

Noch ein paar Bemerkungen in eigener Sache. Mit dem nachfolgenden Gedicht über die Vita der Hildegard erhebe ich keinen Anspruch auf Vollständigkeit. Dies ist in einem einzigen Buch auch gar nicht möglich. Durch die unterschiedlichen Angaben und Bewertungen der vielen Quellen und Dokumente, musste ich mich daher oft auf meine eigene Interpretation beschränken. Hildegard war, ist und bleibt für immer mystisch.

Ich wünsche Ihnen viel Spass beim Lesen, beim Nachdenken oder nur beim „Neugierig-Werden" über meine Nachbarin, die Hildegard von Bingen.

Karl-Josef Jungerts

Zeittabelle

1098	Hildegard wird in Bermersheim bei Alzey geboren
1106	Einzug in die Klause des Klosters Disibodenberg
1136	Hildegard wird Meisterin der Frauenklause
1141	Ihr Visionswerk „Scivias" entsteht
1146	Briefwechsel mit Bernhard von Clairvaux
1147	Anerkennung ihrer Visionen durch Papst Eugen III.
1150	Gründung ihres Klosters Rupertsberg bei Bingen
1151-58	Entstehung ihrer natur- und heilkundlichen Schriften
um 1155	Hildegard trifft Kaiser Barbarossa in Ingelheim
1155	Rückforderung ihrer Ländereien und der ihrer Nonnen vom Abt des Klosters Disibodenberg
1158	Hildegard schreibt das Buch der Lebensverdienste
1160-63	Die ersten drei Predigtreisen
1165	Gründung des Filialklosters Eibingen
1170	Vierte Predigtreise

1173	Vollendung des Buches der Gotteswerke
1178	Streit über die Bestattung eines Exkommunizierten
1179	Hildegard stirbt am 17. September im Kloster Rupertsberg
1233	Erster Versuch der Heiligsprechung Hildegards
1317	Zweiter Versuch der Heiligsprechung
1589	Aufnahme ohne Heiligsprechung in den Heiligenkalender
1632	Zerstörung des Klosters Rupertsberg im 30jährigen Krieg. Flucht der Nonnen nach Köln. Danach Rückkehr ins Kloster Eibingen
1803	Kloster Eibingen wird von Napoleon aufgelöst
1814	Der Hildegardschrein kommt in die Dorfkirche Eibingen, das restliche Inventar mit dem Rupertusschrein in die Rochuskapelle in Bingen
1850	Beim Bau der Eisenbahn werden die Reste der Klosterruine Rupertsberg gesprengt
1904	Einweihung der heutigen Benediktinerinnen Abtei St. Hildegard in Eibingen

Meine Nachbarin, Hildegard von Bingen

- Ein Epos über das Leben einer genialen Frau -

Mit diesem Gedicht - will ich Hildegard von Bingen,
meine Nachbarin - Ihnen - etwas näher bringen.

Und ohne - mit den Historikern anzuecken,
das Interesse an Hildegard - bei Ihnen wecken.

In ihrem ersten Buch „Scivias" - so hat sie festgestellt,
erblickte sie im finsteren Mittelalter - das Licht der Welt.

Erst durch zurückrechnen - kann man dort dann lesen,
nur ihr Geburtsjahr - und dieses war 1098 gewesen.

Nur wo ihre Mutter - sie nun zur Welt gebracht,
darüber hat Hildegard - nie eine Angabe gemacht.

In den Viten - die zu ihrer Zeit noch entstanden,
selbst die Experten - keinen Hinweis fanden.

Erst Ende des 15. Jahrhunderts - kam Abt Trithemius,
vom Kloster Sponheim - dann zu folgendem Schluss:

Hildegard wäre - so kam es ihm zu Ohren,
bestimmt - auf Schloss Böckelheim geboren.

Die Quelle seiner Behauptung - hat er nie genannt,
doch der Grund seiner These - der liegt auf der Hand.

Weil das Schloß Böckelheim - nahe seines Klosters liegt,
wollte er, dass durch Hildegard - sein Wort noch mehr wiegt.

Und ihr Geburtsort in der Nähe - so hatte er gedacht,
hätte seinem Kloster - auch mehr Spenden gebracht.

Im Dunstkreis von Hildegard - da wollen bis heute,
sich tummeln und baden - die seltsamsten Leute.

Von der Abtei St. Hildegard - hat eine der Nonnen,
1941 - mit der Sichtung von alten Akten begonnen.

Dass der Geburtsort - nun wirklich Bermersheim war,
wurde erst jetzt endgültig - durch diese Forschungen klar.

Hildegards Kindheit und ihre Familie

Nach dem nun - der Ort ihrer Geburt geklärt,
berichte ich - zu welcher Familie sie gehört.

Hildebert von Bermersheim und von Merxheim Mechtilde,
waren die beiden Eltern - von meiner Nachbarin - Hilde.

Sie waren rheinfränkische Edelfreie - so konnt ich erfahren,
und dass sie sehr fromm - sowie auch vermögend waren.

Da Hildegard geboren wurde - als zehntes Kind,
erzähl' ich Euch gleich noch - wer ihre Geschwister sind.

Drutwin war der älteste - also die Nummer eins,
der andere Bruder Hugo - Domkantor in Mainz.

Ihr Bruder Rorich - war später Kanoniker in Tholey,
die Schwester Odilia - mit auf dem Rupertsberg dabei.

Von den anderen - kenne ich nur die Namen,
aber nicht - als was sie irgendwo unterkamen.

Hildegards Familie - die war schon recht groß,
und für die damalige Zeit - intellektuell famos.

So können wir vermuten - dass sie nicht trist,
als Nesthäkchen der Sippe - aufgewachsen ist.

Nun - unter Geschwistern - flogen auch mal die Fetzen,
dadurch lernte Hildegard - schon früh sich durchzusetzen.

Doch musste sie nicht - zur Feldarbeit,
wie die nichtadligen Kinder - ihrer Zeit.

In ihren Viten - werden kaum Angaben gemacht,
wie „Klein Hilde" so - ihre Kindheit verbracht.

Nur in ihren späteren Briefen - da können wir lesen,
dass sie schon als Kind - immer sehr kränklich gewesen.

Und dass sie von kleinauf - schon immer Lichter gesehen,
nur als Kind konnte sie - diese Visionen nicht verstehen.

Überliefert ist eine - kleine Begebenheit,
die Aufschluss gibt - über ihre Fähigkeit.

In einer Kuh - konnte sie das ungeborene Kalb erkennen,
und dessen Fellzeichnung - genaustens benennen.

Nach der Geburt - staunten die Erwachsenen nicht schlecht,
nur Hildegard - war dieser Rummel um sie - gar nicht recht.

Als Kind hat sie nie mehr - über ihre Visionen gesprochen,
sondern nur verängstig und verstört - sich oft verkrochen.

Ihre Mitmenschen urteilten - dann sonnenklar,
dass Hildegard - doch mehr als sonderlich war.

Körperlich krank - und geistig entrückt,
wäre eine Verheiratung - niemals geglückt.

Zu der Zeit konnte nur - ein adliges Madel,
geheiratet werden - von einem Jüngling von Adel.

Kein Standesgemäßer - wäre jemals bereit,
und hätte irgendwann - um Hildegard gefreit.

So war die Sorge ihrer Eltern - vor allen Dingen,
zur späteren Versorgung - sie unterzubringen.

Üblich war es - für das künftiges Leben,
solche Kinder - in ein Kloster zu geben.

Da Schulen ausschließlich - auf die Klöster dezidiert,
war nur dort - eine geistige Ausbildung - garantiert.

Die Kirche hielt das Bildungsmonopol - fest in der Hand,
und das Bildungsprivileg - hatte nur der Adelsstand.

Dadurch war es dem gemeinen Volk - völlig klar,
dass der Führungsanspruch - nur beim Klerus und Adel war.

So kam es dann - wie es kommen muss,
die Eltern von Hildegard - fällten den Entschluss;

Ihre Tochter sollte - für die restliche Dauer,
ein Leben führen - hinter der Klostermauer.

Einige behaupten - als zehntes Kind,
wäre Hildegard - ohnehin für Gott bestimmt.

Denn damals war es üblich - als Steuern und Gebühren,
an die Herrschaft - den zehnten Teil - stets abzuführen.

Diese These ist nicht zu widerlegen - doch unbenommen,
wäre Hildegard - so oder so - ins Kloster gekommen.

Die Abtei Disibodenberg - war für die Religion,
ein bedeutender Mittelpunkt - in ihrer Region.

Aus Stein gemauert - groß und monumental,
die Bauern hatten nur Lehmhütten - unten im Tal.

Die Wahl viel sodann - auf dieses Kloster dort,
das wäre für Hildegard - wohl der richtige Ort.

Hildegard kommt ins Kloster Disibodenberg

Jutta von Sponheim - tituliert als Meisterin,
wollte ebenfalls - zu diesem Kloster hin.

Sie war von Hildegard - eine Verwandte,
um es genauer zu sagen - es war ihre Tante.

Jutta war zu dieser Zeit - erst sechzehn Jahr',
wieso man sie Meisterin nannte - ist mir nicht klar.

Angeblich gehörte es - zu ihren Pflichten,
die achtjährige Hildegard - zu unterrichten.

Jedoch dass Jutta schon gehörte - zu den Gelehrten,
darf zu diesem Zeitpunkt - wohl bezweifelt werden.

Der Titel Meisterin für Jutta - macht wohl nur Sinn,
als Bezeichnung - für die älteste Klausenbewohnerin.

Noch ein drittes Mädchen - war mit dabei,
als Hildegard und Jutta - kamen in die Abtei.

Sie hieß ebenfalls Hildegard - war von niederem Stand,
zwar noch adlig - und auch mit den Beiden verwandt.

Bedingt durch das - standesgebundene Heiratsrecht,
war oft verwandt - das regionale Adelsgeschlecht.

Ihre Aufgabe war es - Jutta und Hildegard zu dienen,
nur daher durfte sie auch - ins Kloster mit ihnen.

Im Jahre 1106 - kamen dann - diese drei,
auf den Disibodenberg - in die Benediktinerabtei.

Mit den jungen Mädels - alle kein Männerschwarm,
begann in dem Kloster - anscheinend „Zickenalarm".

Denn es hatte - gar nicht lange gedauert,
und die Mädchen - wurden eingemauert.

Dies geschah innerhalb der Abtei - in einem Hause,
der Kenner nennt so ein Gebäude - auch Klause.

Diese wurde - von Juttas Eltern erbaut,
so wird es - in Erzählungen uns anvertraut.

Weil die Mädchen jetzt - in der Klause gefangen,
wurde der Einzug - wie ein Begräbnis begangen.

Da mehrere Mauern - sie nun umgaben,
waren sie für die Welt - so gut wie begraben.

Nur kleine Öffnungen - ließ man eben,
um das Notwendige - hindurch zu geben.

Solche Löcher - waren in allen Klausen,
die einzige Verbindung - nach drinnen und draußen.

So störten die Frauen nicht - den Männerkonvent,
sie waren von ihnen - durch eine Mauer getrennt.

Auch dafür, dass die Kinder - dort untergebracht,
wurde das Kloster - mit einigen Gütern bedacht.

Diese waren alle - dem Kloster geborgt,
solange das Kloster - ihre Kinder versorgt.

Daher waren dann - die dortigen Benediktiner,
den Mädels - in der Klause - auch ihre Diener.

Ihr Tagesablauf - war stark reglementiert,
und am benediktinischen Leben - orientiert.

Neben dem Gebet - und der Handarbeit,
blieb ihnen zum Lernen - sehr viel Zeit.

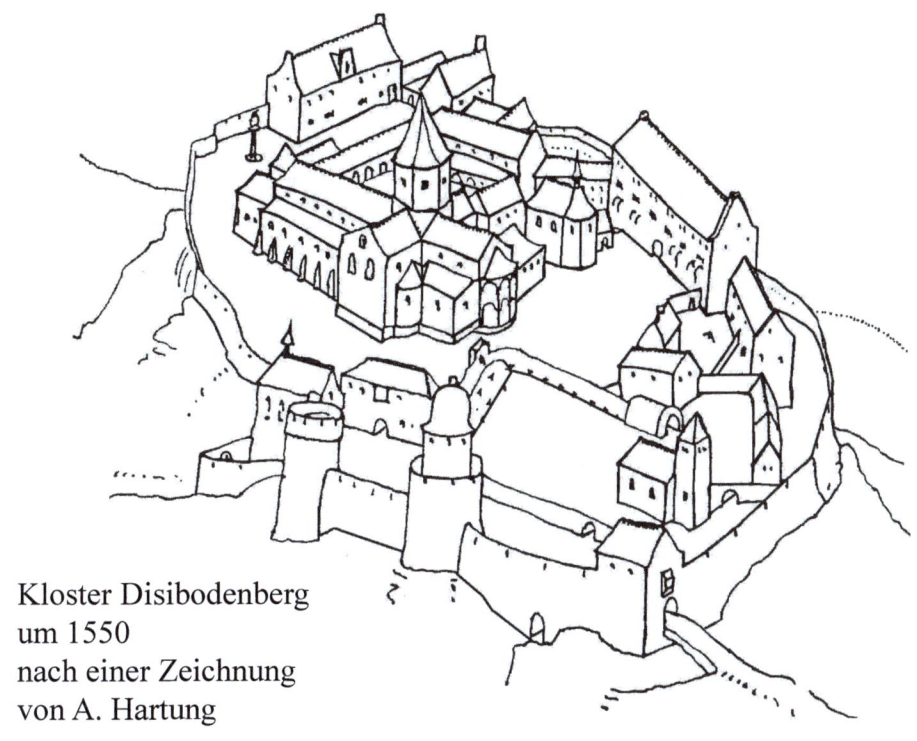

Kloster Disibodenberg
um 1550
nach einer Zeichnung
von A. Hartung

Der Mönch Volmar - so wird es berichtet,
hat die Mädchen - von aussen - unterrichtet.

Das Wissen über die Natur - ganz allgemein,
und die Texte der Bibel - natürlich in Latein.

Psalmengesänge - sowie Schreiben und Lesen,
waren Bestandteile - der Ausbildung gewesen.

In dieser Zeit wurde - die große Klosterkirche errichtet,
Hildegard konnte dies beobachten - so hat sie später berichtet.

Als Machtsymbol - war die neue Kirche ein Zeichen,
ihre Größe war mit der - des Mainzer Domes zu vergleichen.

Mit sechzehn Jahren - so viel Zeit ist vergangen,
hat Hildegard den Schleier - von Bischof Otto empfangen.

Durch ihr Gelübde - war sie nun Benediktinerin,
lebte zwar in einer Klause - wurde aber nie Klausnerin.

Ein Gelübde als Klausnerin - wäre nicht vergänglich,
und hätte bedeutet - zwangsläufig lebenslänglich.

So war Hildegards Entscheidung - einsichtsvoll,
wie sich später noch - eindrucksvoll zeigen soll.

So vergingen einige Jahre - und zudem,
bekam der Adel - offensichtlich ein Problem.

Zu viele Mädchen - waren plötzlich vorhanden,
die dem Heiratsmarkt - zur Verfügung standen.

Ob sie Gebrechen hatten - oder zu häßlich waren,
lässt sich aus den alten Schriften - nicht erfahren.

Jedenfalls ließ sich kein Band der Ehe - für sie binden,
zumindest waren - keine passenden Männer zu finden.

So tat man - ob freiwillig oder durch Zwingen,
für ihre Absicherung - sie ins Kloster bringen.

Daher mussten immer mehr - in die Klause hinein,
diese war jedoch - für mehrere Frauen viel zu klein.

Jutta von Sponheim war gereift - und ihr wurde vertraut,
deshalb hat man die vorhandene Klause - dann ausgebaut.

Die Anzahl dieser Nonnen - ist nicht genau bekannt,
in den meisten Berichten - wird die Zahl zehn genannt.

1136 - verstarb Jutta - so wird es erzählt,
und Hildegard - zur Meisterin der Klause gewählt.

Jutta von Sponheim - wurde dann Heilig gesprochen,
das war damals Gang und Gebe - in jenen Epochen.

Es ist nicht übertrieben - wenn ich sage - ab nun,
hatte es Hildegard - des Öfteren - mit Heiligen zu tun.

Ihr erstes Werk „Scivias" entsteht

Um 1141 hatte sie wieder - mehrere Visionen,
doch dies - erzählte sie - nur zwei Personen.

Lediglich zu Probst Volmar - und zu einer der Frauen,
mit Namen Richardis von Stade - hatte sie Vertrauen.

Da erhielt Hildegard - den Rat von den Beiden,
ihre Visionen - doch endlich niederzuschreiben.

Mit dieser Entscheidung - sie lange wankte,
bis plötzlich sie - sehr schwer erkrankte.

Das wertete Hildegard - als göttliches Zeichen,
und ließ sich zur Niederschrift - dann erweichen.

Hildegards Sprache - war rheinfränkischer Dialekt,
nur damit hätte sie - kein großes Interesse geweckt.

Viele wichtigen Leute - und Schriftgewandten,
hätten Texte in dieser Sprache - nicht verstanden.

Durch das kirchliche - auf den Adel bezogene Schulwesen,
konnte so das gemeine Volk - weder Schreiben noch Lesen.

Damit all die Gelehrten - ihre Visionen erfassen,
musste Hildegard - ihre Texte - in Latein verfassen.

Diese Sprache war damals - für sie nicht zu umgehen,
denn Latein war als „Weltsprache" überall zu verstehen.

Ihr Lehrer - Probst Volmar stellte fest - sehr rügend,
Hildegards Latein - wäre zum Schreiben ungenügend.

Miniatur aus
dem „Scivias"

Hildegard und
Probst Volmar

So hatte sie Volmar - ihre Himmelsschau diktiert,
und der hat diese - auf Pergament manifestiert.

Sechsundzwanzig Visionen - zur Gottes Ehre,
das „Scivias" - als die visionäre Glaubenslehre.

Damit all ihr Schauen - in ein Buch hinein passt,
hat sie es deshalb - in drei Teilen verfasst.

Eigentlich heißt diese Trilogie,
„Liber Scivias Domini".

Im Deutschen heißt es - demnach insofern,
„Buch über das Wissen der Wege des Herrn".

Doch meistens - wird es kurz nur „Scivias" genannt,
unter der Abkürzung ist ihr Werk - heute weltweit bekannt.

Der erste Teil - von Gottes Schöpfung handelt,
und wie der Sündenfall - dann alles verwandelt.

Im zweiten Teil erfolgt - die Erlösung durch Christus,
und wie die Kirche diesen Auftrag - fortsetzen muss.

Der dritte Teil stellt das Heilsgeschehen dar - als Gebäude,
an dem ständig herum gebaut werden muss - bis heute.

Stets war Hildegard - sehr sorgenvoll,
ob sie ihr „Scivias" - veröffentlichen soll.

So wandte sie sich - an Bernhard von Clairvaux,
der war über ihre Briefe - zunächst nicht nur froh.

Dieser Briefwechsel dauerte - auch einige Wochen,
übrigens wurde Bernhard - später heilig gesprochen.

Das Geheimnis ihrer Visionen - war nicht zu bewahren,
und Erzbischof Heinrich - hat nun davon erfahren.

So ging es in Kirchenkreisen rund - kurzer Hand,
in denen das „Scivias" - große Beachtung fand.

1148 war Papst Eugen zur Synode - in Trier zu Besuch,
und erfuhr durch Bernhard - von Hildegards Buch.

Päpstliche Gesandten - sind zum Disibodenberg spaziert,
und haben vor Ort - Hildegards Visionen - kontrolliert.

Sie kamen dann alle - zu folgendem Schluss,
dass Hildegard - Seher-Qualitäten haben muss.

Der Papst hatte - vor dem ganzen Kirchenvorstand,
Hildegards Visionen - dann öffentlich anerkannt.

Doch der Ehre - war noch nicht genug gewesen,
er hat auch allen - aus ihrem Buch vorgelesen.

Schnell verbreitete sich - diese Kunde,
und Hildegard war nun - in aller Munde.

Jetzt war sie - der mittelalterliche Superstar,
und somit auch buchstäblich - unangreifbar.

Nun wollten noch mehr zu ihr - in die Klause hinein,
und schon wieder war das Gemäuer - viel zu klein.

Es wurden schließlich - Räume hinzugenommen,
so ist es zu einem Kloster - im Kloster gekommen.

Ab jetzt verfolgte Hildegard - ihre eigenen Interessen,
nun war mit ihr - nicht immer „gut Kirschen essen".

Irgend etwas - hatte Hildegard - dann geritten,
denn sie und Abt Kuno - haben nur noch gestritten.

Weil die Nonnen - die asketischen Regeln aufgaben,
hat der Abt gegen sie - das Kriegsbeil ausgegraben.

Doch das hatte er wohl - nicht richtig bedacht,
und die Rechnung - ohne die Wirtin gemacht.

Schon länger - tat Hildegard - sich damit befassen,
den Disibodenberg - irgendwann mal zu verlassen.

Als sie dem Abt sagte - es wäre jetzt so weit,
da kam es noch heftiger - zum offenen Streit.

Und außerdem - würde er - niemals im Leben,
Hildegard und den Nonnen - ihre Mitgift mitgeben.

Sie könnte auch noch - so viele Kündigungen schreiben,
ihre Nonnen und sie - müssten im Disibodenberg bleiben.

Das wollen wir mal sehen - hat Hildegard gedacht,
und so ihre Absicht - an höherer Stelle vorgebracht.

An den Erzbischof Heinrich - hatte sie sich gewandt,
und ihm ihre Gründe - für ein neues Kloster genannt.

Der Heilige Geist - so ihre Visionen - der würde begrüßen,
eine Neugründung - wo Nahe und Rhein zusammenfließen.

Und das am Liebsten - auf die Schnelle,
über des Heiligen Ruperts - Grabkapelle.

Mit dem Bau könnte sie - sofort beginnen,
am Hang - vom Rupertsberg - bei Bingen.

Als Hildegard dann - urplötzlich erkrankt,
wurde dies - als göttliches Zeichen erkannt.

Beeindruckt hat der Erzbischof - den Befehl erlassen,
Hildegard und ihre Nonnen - endlich ziehen zu lassen.

Danach - so tun es alte Schriften kund,
war Hildegard wieder - ganz schnell gesund.

So lösen - manche Frauen - noch heute Probleme,
mit einem Anfall - von Migräne.

Von diesem Umstand - war der Abt gar nicht entzückt,
und hat den Nonnen ihre Habe - nicht herausgerückt.

Da erklärte Hildegard ihm - ganz gertig:
„Mit dir - bin ich noch lange nicht fertig".

„Mein Zorn - der wird dich nicht verschonen,
und glaube mir - das sind keine Visionen".

Ab jetzt hat Hildegard - wohl besonnen,
mit der Errichtung - ihrer Abtei begonnen.

Sie plante das Kloster - und überwachte den Bau,
in den damaligen Zeiten - nicht leicht für eine Frau.

Durch die neuen Nonnen - und ihrem vielen Geld,
hat Hildegard das neue Kloster - fast fertiggestellt.

Dieses Vermögen war - durch des Adels bekunden,
für das Kloster Rupertsberg - nun zweckgebunden.

Nach nur - zwei Jahren - der Bautätigkeit,
war es zum Kofferpacken - endlich so weit.

Umzug ins Kloster Rupertsberg bei Bingen

Hildegard hat 1150 - mit cirka zwanzig adligen Nonnen,
auf dem Rupertsberg - das klösterliche Leben begonnen.

Jetzt kann ich es sagen - seit diesem Termin,
ist Hildegard - sozusagen - meine Nachbarin.

Beim Einzug war das Kloster noch nicht fertig - jedoch,
das war so im Mittelalter - und so ist es auch heute noch.

Weil das Kloster mehr kostete - als zuerst gedacht,
hat sie auch selbst - den Innenausbau überwacht.

Das war für die vielen Nonnen - eine schwere Zeit,
doch schon 1152 - wurde die Klosterkirche eingeweiht.

Die Errichtung des Klosters - über dem Grab des Rupertus,
war von ihr genial geplant - und ein sehr weiser Entschluss.

Denn die Spenden - werden nicht dem Kloster vermacht,
sondern ausschließlich - dem Klosterheiligen dargebracht.

Gespendet wurde ihm - um die Freundschaft zu pflegen,
und er möge - so vor Gott - ein gutes Wort einlegen.

Bedeutet dieses - ganz gelind,
dass Heilige - bestechlich sind ?

Nie käuflich war der Heilige Rupert - sicherlich,
denn der ist ein echter Binger - genau so wie ich.

Einst lebte Rupertus - im 8. Jahrhundert,
als Einsiedler - wurde er damals bewundert.

Er war gottesfürchtig - und ohne Gewalt,
und wurde leider - nur zwanzig Jahre alt.

Doch weil er - hier bei Bingen - als Eremit gelebt,
hat seine Mutter - die Heiligsprechung angestrebt.

Sie hieß Berta - und hatte auch nichts verbrochen,
daher wurde sie dann - ebenfalls heiliggesprochen.

Jetzt kann ich es - auch noch offenbaren,
dass beide - von adliger Herkunft waren.

So hatte Hildegards Kloster - soeben gleich,
zwei regionale Heilige - auf einen Streich.

Ja - der „Sanctus" - muss „Nobilis" sein,
nur der Nobele - erhält den Heiligenschein.

Dieser Spruch ist genau so - zu jener Zeit geboren,
aus dem Volk wurde keiner - als Heiliger erkoren.

Die Musik der Hildegard

In der Zeit ihres Umzuges - da entstand,
ihr Singspiel - „Ordo Virtutum" genannt.

In diesem Werk bringt sie - so ihr bestreben,
die allegorischen Figuren - des „Scivias" zum Leben.

Ihre Schwestern und der Bischof - waren ganz gerührt,
als das Stück - zur Weihe der Abteikirche - uraufgeführt.

Uns sind von ihr noch weitere - 77 Lieder geblieben,
die hat sie - zum liturgischen Gotteslob geschrieben.

Auch hier ist sie - dem Aussergewöhnlichen treu,
denn sie entwickelte ihre Musik - fast völlig neu.

Früher war es üblich - beim Liederschreiben,
im Bereich - von eineinhalb Oktav zu bleiben.

Da männliche Stimmbänder - nur begrenzt schwingen,
können Männer - fast nur - in diesem Tonraum singen.

Das hatte bis dahin - auch keine Probleme gebracht,
denn die Lieder waren stets - nur für Mönche gemacht.

Ich weiß nicht - wollte sie die Männer bestrafen,
denn sie komponierte - über zweieinhalb Oktaven.

So ist Hildegards Musik - ganz unbestritten,
ausschließlich - auf Frauen - zugeschnitten.

Doch einige Musikkritiker - lassen heute offenbar,
an Hildegards Lieder - kein gutes Haar.

Völlig unbestritten - ist daher nicht ganz so richtig,
ihre Kenntnis von Musik - wäre „null und nichtig".

Andere sparen keineswegs - mit ihrem Applaus,
und kommen - aus dem Staunen - nicht heraus.

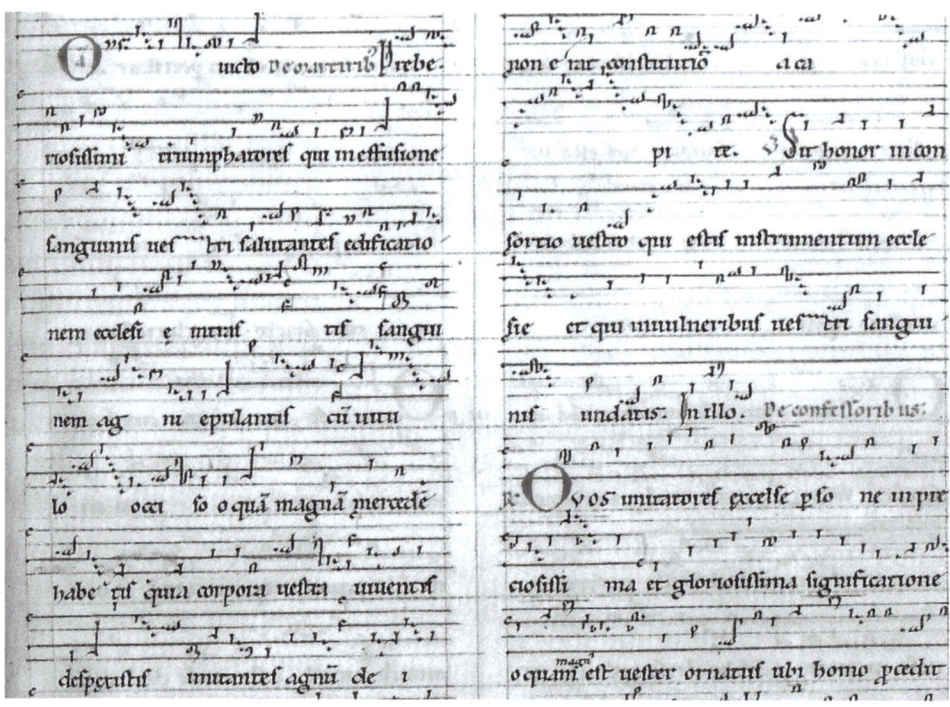

„O felix apparicio" - Loblied für den Heiligen Rupertus
(Riesencodex, Faksimile um 1180/90)

Was dieser Expertenkrieg - mal wieder offenbart,
auch hier scheiden sich die Geister - an Hildegard.

Am Besten ist wohl - so ganz spontan,
man hört sich ihre Werke - selbst mal an.

Hildegard kannte schon - das musikalische Einmaleins,
immerhin war ihr Bruder Hugo - Domkantor in Mainz.

Betrachtet die Notenlinien - es sind nur vier an der Zahl,
für die damalige Zeit - war dieses völlig normal.

Der Kenner - nennt diese Notenversion,
auf Fachchinesisch - Neumennotation.

Viel später erst - sind dann erschienen,
die Musikstücke - mit fünf Notenlinien.

Hildegard und die Mainzer Erzbischöfe

Von Erzbischof Heinrich - erhielt Hildegard den Beschluss,
dass ihre Vertraute - Richardis von Stade - jetzt gehen muss.

Richardis Bruder Hartwig - war Erzbischof in Bremen,
sie sollte dort sofort - das Kloster Bassum übernehmen.

Hildegard erwiderte - das käme überhaupt nicht in Frage,
so wurde sie - für die beiden Erzbischöfe - zur echten Plage.

Vor Zorn - war Hildegard - jetzt so gut drauf,
und bezichtigte - die beiden - des Ämterkauf.

An Richardis Familie - hatte sie appelliert,
selbst an Papst Eugen schrieb sie - couragiert.

Erst als der Papst endlich - ein Machtwort gesprochen,
hat sich Hildegard - in ihren Schmollwinkel verkrochen.

Um von dort aus - durch ihr stetiges Regen,
an der päpstlichen Entscheidung - zu sägen.

Plötzlich - gaben Hildegard - alle klein bei,
und Richardis Rückweg - war endlich frei.

Doch die höchste Instanz verhinderte dies - wie schade,
1152 stirbt Hildegards Vertraute - Richardis von Stade.

Darauf hat Hildegards Schwester Clementia - darum gebeten,
als ihre neue Vertraute - ins Kloster Rupertsberg - einzutreten.

In dem Jahr hat Heinrich - Hildegards Kirche eingeweiht,
und sie erzählte ihm - von Abt Kuno - und ihrem Streit.

Der Disibodenberg - so hatte sie dem Erzbischof gepetzt,
hält ihre rechtmäßigen Ländereien - noch immer besetzt.

Und dass ihr Kloster - noch nicht eigenständig wär,
empfindet sie für ihr Charisma - als unpopulär.

Die Bevormundung von Abt Kuno - so ihre Beschwerden,
könne daher von ihr - nicht länger hingenommen werden.

Ausserdem - müsste Probst Volmar - sofort hierher,
den bräuchte sie dringend - als persönlichen Sekretär.

Darauf erklärte ihr - der Kirchenmann,
er wolle mal schauen - was er machen kann.

Den beiden ist Hildegard - nicht mehr oft begegnet,
denn schon bald - haben beide - das Zeitliche gesegnet.

Ihre Gräber wurden noch - mit Weihwasser gewässert,
und beide haben sich im Himmel - beruflich verbessert.

Von nun an - fiel Hildegards - besonderes Augenmerk,
auf Erzbischof Arnold - und Abt Helenger vom Disibodenberg.

So schrieb Hildegard - ihrem neuen Erzbischof betroffen,
mit dem Disibodenberg - stünde noch eine Rechnung offen.

Dieser antwortete ihr dann - bischöflich gelassen,
er würde sich demnächst - mit ihrem Fall befassen.

Doch Hildegard erwiderte - er müsste sie jetzt unterstützen,
so ließ der Erzbischof urkundlich - ihren Besitz nun schützen.

Damit sprach er den Rupertsberg - für Hildegard famos,
endgültig vom Mutterkloster - des Disibodenbergs los.

Ab jetzt hat Hildegard - ihr Kloster neu organisiert,
und sich vor dem Erzbischof - offen positioniert.

Was nämlich Hildegard - auf keinen Fall wollte,
dass er zur Wahl der Äbtissin - ihr reinreden sollte.

Schutzurkunde
von Erzbischof
Arnold - Mainz,
22. Mai 1158

Faksimile

Koblenz,
Landeshauptarchiv

Der Erzbischof hatte - das Vorschlagsrecht,
so kam es zwischen den beiden - zum Wortgefecht.

Hildegard - machte ihm förmlich klar,
nur sie selbst - wäre als Äbtissin annehmbar.

Noch ein Problem - was ihr auf den Nägeln brannte,
dass der Erbischof einen Vogt - für das Kloster benannte.

Ein Vogt - der war im Mittelalter,
eines Klosters - Gesamtverwalter.

Dieser hätte wirtschaftlich - im Kloster das Sagen,
und ihm zu widersprechen - würde kaum einer wagen.

Und außerdem hätte er - für das Verwalten,
den zehnten Teil - der Gewinne einbehalten.

So etwas war Hildegard - viel zuwider,
und so nervte sie - den Erzbischof wieder.

Sie wäre auf keinen Fall - davon abzuhalten,
und wolle ihr Kloster - nur selbst verwalten.

Denn Hildegard wünschte - für alle Zeit,
geistige und wirtschaftliche - Unabhängigkeit.

Der Erzbischof - stimmte ihr dann zu,
und dachte schon - jetzt habe ich Ruh'.

Diese Ruhe jedoch - nicht lange hält,
bis Hildegard - neue Forderungen stellt.

Wie Ihr wisst - sie hatte noch ein Augenmerk,
auf den Abt Helenger - vom Disibodenberg.

Der hatte - trotz Hildegards Bestreben,
noch nicht alle Güter - herausgegeben.

Klosterruine Disibodenberg um 1830

So gab sie es - dem Erzbischof - zu Protokoll,
dass der Abt ihr endlich - ihre Sachen geben soll.

Daraufhin hat der Erzbischof - diesen so angebrüllt,
dass nun der Abt - ihre Forderungen - sofort erfüllt.

Somit hatte sich Hildegard - zu guter Letzt,
beim Erzbischof - wieder durchgesetzt.

Das war ja auch wirklich - ihr gutes Recht,
doch nun ging es dem Disibodenberg - recht schlecht.

Denn Hildegard - als Berühmtheit - war nicht mehr dort,
und die Einnahmen - aus ihren Gütern - waren auch fort.

So trieb Hildegard - mit ihrem Ruf - als Konkurrenz,
das Kloster auf dem Disibodenberg - in die Insolvenz.

Da wurde die Abtei der Benediktiner - den Frommen,
vom Orden der Zisterzienser - günstig übernommen.

Diese haben sich etwa - dreihundert Jahre dort eingeigelt,
doch dann war der Untergang - dieses Klosters besiegelt.

Bis ins 18. Jahrhundert - haben noch die Gebäude getrutzt,
dann wurde der Disibodenberg - als Steinbruch genutzt.

Würde man heute - von dort rufen: „Kloster komm' 'raus",
dann stünde - in Odernheim - fast kein einziges Haus.

Doch zurück - zu den Mainzer Erzbischöfen - und Hildegard,
noch zwei weitere hatte sie erlebt - und sich ihnen offenbart.

Mit denen hatte sie meistens - nur Schriftverkehr,
doch dazu - erzähle ich Euch - später noch mehr.

Nur so viel - will ich schon verraten,
mit denen ist Hildegard - auch aneinander geraten.

Hildegards zweites Visionswerk

In der Zeit hat sie nicht nur Kleriker - in den Wahn getrieben,
nein - sondern ein weiteres - Visionswerk geschrieben.

Sozusagen - als diktum dominum,
enstand das „Liber vitae meritorum",

Dieses Visionswerk - ist in aller Munde,
als Hildegards Buch - der Lebenskunde.

Manche sagen - Buch der Lebensverdienste - darüber,
Hildegard stellt 35 Tugenden - und Laster gegenüber.

Inspiriert von Habgier und Unglaube - ihrer Zeitgenossen,
hat Hildegard sich - wahrscheinlich - hierzu entschlossen.

Beschrieben werden Ausschweifungen - aller Art,
mit Habgier und Mißgunst - sowie Süchten gepaart.

Als Tugenden werden Geduld - und Gott zu lieben,
sowie Keuschheit, Maß, und Wahrheit beschrieben.

Es stehen Tugenden und Laster - jederzeit,
alltäglich in Konkurrenz - und Widerstreit.

Daher muss der Mensch - zu allen Zeiten,
zwischen Gut und Böse - sich entscheiden.

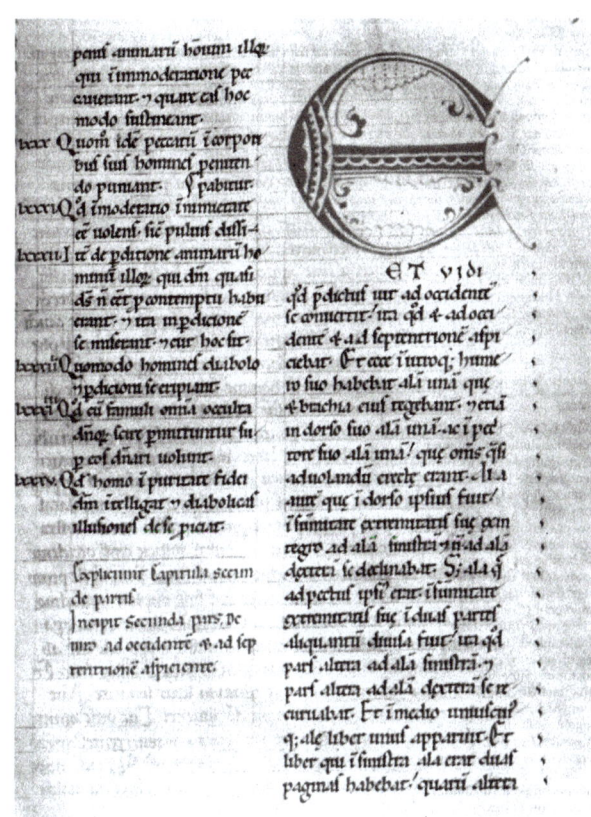

Auszug aus dem Liber Vitae Meritorum (Abschrift um 1175)

Während all ihre anderen Werke - mit Miniaturen versehen,
ist im Buch der Lebensverdienste - nicht ein Bild zu sehen.

Daher ist dieses Visionswerk - nie so populär gewesen,
weil die Leute viel lieber Bilder schauen - als zu lesen.

Die Geheimsprache der Hildegard

Nach Hildegards - eigenem Bekunden,
hat sie eine neue Sprache - mit Schrift erfunden.

Sie selbst bezeichnet sie - was ihre Erfindung betrifft,
als „unbekannte Sprache" - sowie „geheime Schrift".

Das von jemandem - der des Lateins kaum mächtig,
da macht sich Hildegard - doch mehr als verdächtig.

Drei Handschriften sind bekannt - mit Tausend Wörtern,
der tiefere Sinn der Geheimschrift - ist nicht zu erörtern.

So bestehen - zum Teil - keine Schwierigkeiten,
die Wörter - aus anderen Sprachen herzuleiten.

Da wird der Begriff - für die „rechte Hand",
in der neuen Sprache - „beniszia" genannt.

„benedicere" bedeutet „segnen" - auf Latein,
und dies geschieht nur - mit der rechten Hand allein.

Auch ist „düveliz" für „Teufel" - völlig klar,
aus dem niederdeutschen „düwel" - ableitbar.

Andere Wörter wieder - die Dinge benennen,
sind beim besten Willen - nicht zu erkennen.

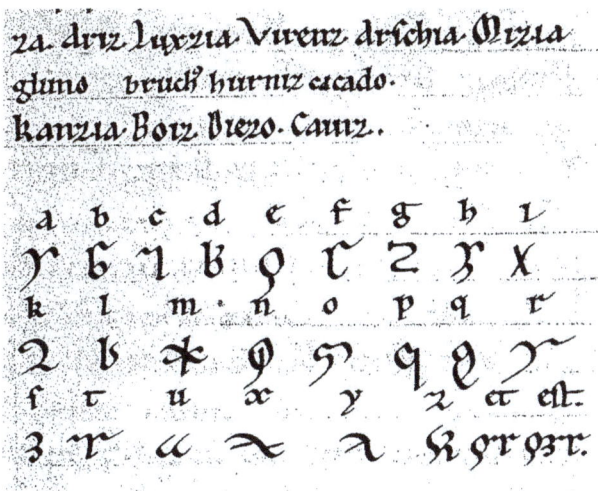

Litterae Ignotae (Geheimschrift) „Riesencodex" um 1180

Mit „livionz" bezeichnete sie - tatsächlich den Heiland,
weiß der Geier - wieso sie kein anderes Wort für ihn fand.

Seltsam - dass ein Drittel der Wörter - ihrer Gedankenwelt,
auf den medizinisch - botanischen Bereich entfällt.

Möglicherweise war es Hildegard - so wichtig gewesen,
dass nur die engsten Vertrauten - ihre Erkenntnisse lesen.

Nicht jeder von den Klerikern - ist zu ihr ehrlich,
und Hildegards Wissen - war für damals gefährlich.

Damit entzog sie sich auch - dem Episkopat,
eine andere Erklärung - habe ich nicht parat.

So konnte sie - dank ihrer Geheimschrift - umgehen,
als eine Hexe - auf dem Scheiterhaufen zu stehen.

Noch eine Auffälligkeit - enthüllt jedes Archiv,
all ihre Wörter - existieren nur - als Substantiv.

Also von jeglicher Grammatik - meilenweit entfernt,
Hildegard hätte wohl besser - richtig Latein gelernt.

Kloster Rupertsberg und seine Bedeutung für die Region

Kloster Rupertsberg - ist nun fertig und gepflegt,
der Streit mit dem Disibodenberg - auch beigelegt.

Dank der Gelder - die gespendet,
wurde ihr Kloster - schnell vollendet.

Vergangen - die Anfangsschwierigkeiten,
die so einen großen Umzug - oft begleiten.

Vergessen ist nun - diese schwere Zeit,
sie genießt ihre geistige - Unabhängigkeit.

Sie hatte - auf der ganzen Linie gewonnen,
und endlich genug Platz - für fünfzig Nonnen.

Hildegard wahrscheinlich - heimlich kichert,
da ihre Güter - auch urkundlich - abgesichert.

Ihr Kloster ist kleiner - als die Disibodenberger Abtei,
aber dafür von ihr durchdacht - bis ins kleinste Detail.

Mit Wasserleitungen - in den Wirtschaftsräumen,
davon können andere - in jener Zeit nur träumen.

Weil Hildegard ihren Mitmenschen - nur wenig vertraut,
hat sie ihr Kloster bewusst - wie eine Festung ausgebaut.

Mit der Standortwahl - erwies sie sich als Stratege,
denn hier kreuzten - die wichtigsten Handelswege.

In Richtung Mainz - Köln, Metz und Trier,
führten alle - diese großen Straßen hier.

So konnte sie - nach allen Seiten,
ihre Schriften - schnell verbreiten.

Durch die Lage des Klosters - direkt am Rhein,
gaben auch Fernreisende hier - ihr „Stelldichein."

Im Kloster Rupertsberg stand - zu jener Zeit,
eine Herberge - für Reisende - stets bereit.

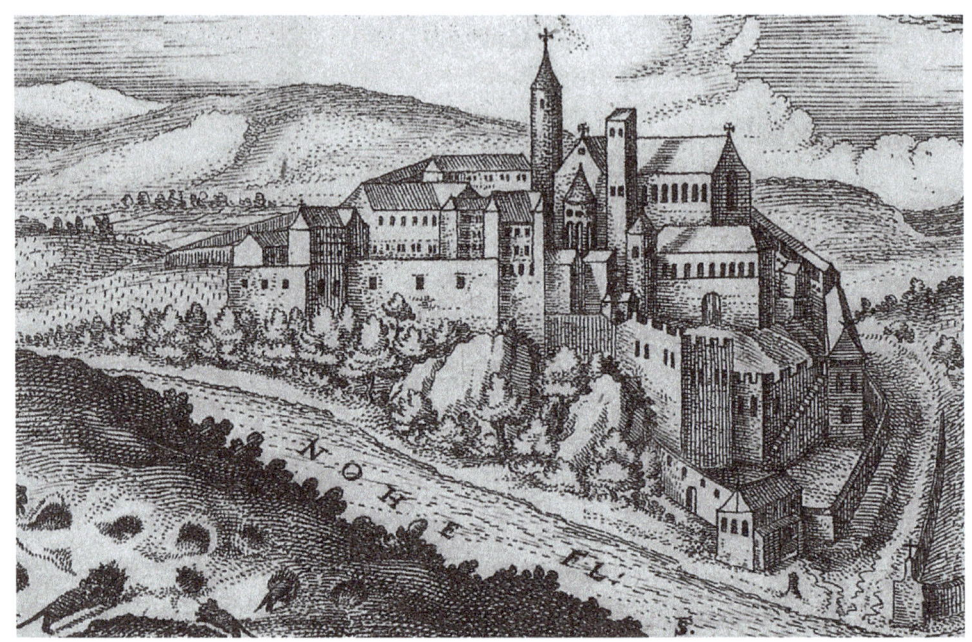

Kloster Rupertsberg um 1628

Diese wurden von ihr begrüßt - mit offener Hand,
so war Hildegard immer - auf dem neusten Stand.

Einige haben sie - über fremde Künste belehrt,
daher hat sich Hildegards Wissen - stets vermehrt.

Viele Fürsten und der Klerus - sind oft zu ihr gegangen,
um Hildegards geschätzte Ratschläge - zu empfangen.

Mit allen Größen ihrer Zeit - da hatte sie sehr angeregt,
wichtigen und vertraulichen - Briefwechsel gepflegt.

Sie war grenzüberschreitend - eine berühmte Person,
weit über das Heilige Römische Reich - Deutscher Nation.

Geschenke und Spenden wurden ihr gebracht - zu Hauf,
da kam anderen Orts - urplötzlicher Neid - wohl auf.

Und dieser genannte - andere Ort,
war von ihr - gar nicht so weit fort.

Gegenüber in Bingen - im Sankt Martinsstift,
spuckten die Stiftsherren - auf einmal Galle und Gift.

Die Binger - die sonst ihnen die Spenden brachten,
jetzt nur noch Hildegard - und ihr Kloster bedachten.

Die Stiftsherren hatten zwar - ewige Armut gelobt,
doch wegen Hildegards Konkurrenz - lauthals getobt.

Dem Volk - dem war das einerlei,
und hörte nicht - auf das Geschrei.

Durch das Kloster - konnte man nun,
viel effektiver - Buße tun.

So dachte das Volk - auch hintergründig,
und war nach wie vor - genau so sündig.

Doch plötzlich sind alle - zusammengerannt,
denn der Nordturm der Abteikirche - stand in Brand.

Jetzt könnte man fragen - ganz gemein,
wer mag denn das - gewesen sein ?

Eine Antwort wäre - reine Spekulation,
vielleicht liegt sie - in Hildegards Reaktion.

Dieser Turm - so gab sie allen zu verstehen,
wird nur noch - mit einem Notdach versehen.

Seit dem sind die Türme - different,
wie ihr sie - von alten Stichen kennt.

Doch wieso hatte Hildegard - das getan ?
schaut die Silhouette - mal ganz genau an.

Bearbeitet nach einem Modell
von Gerhard Roese

Damit zeigte sie jetzt - allen Binger',
Gottes erhobenen - mahnenden Finger.

Nach dem Brand - haben sich dem Klosterleben,
die Nonnen - wieder friedlich hingegeben.

Der Tagesablauf - wurde streng reglementiert,
und von den benediktinischen Regeln diktiert.

Gebetet wurde - achtmal am Tage,
nur zweimal - eine Essenseinlage.

Schon nachts um drei - da gab man sich Müh',
sozusagen - in der unchristlichen Herrgottsfrüh.

Im Dunkeln also - bevor es tagt,
wurde das erste Gebet - aufgesagt.

Um Fünf man sich wieder - aus dem Bett erhob,
und betete - gähnend - das Morgenlob.

Um 18 Uhr - sprachen die Nonnen zur Nacht,
ihr letztes Gebet - der Tag war vollbracht.

Zwischendrin taten sie sich - mit Arbeit plagen,
denn „ora et labora" - galt an fast allen Tagen.

Nur die besten Nonnen - waren im Scriptorium,
neben der Kirche - eines Klosters Heiligtum.

Hier mussten sie Schriften - ohne zu verzagen,
auf feinstes Pergament - fehlerfrei übertragen.

Diese Methode - war die einzige Möglichkeit,
um Geschriebenes zu kopieren - für lange Zeit.

Man kannte halt damals - noch kein Papier,
die Chinesen hatten das - doch die waren nicht hier.

Die waren - auf der unteren Erdscheibe daheim,
und hielten so ihre Erfindung - noch lange geheim.

Um kurz aufzuschreiben - seine Notizen,
tat man diese - in Wachstafeln einritzen.

Hildegard ist so - des Öfteren dargestellt,
wie sie diese Tafeln - in ihren Händen hält.

Weil Pergament sehr teuer - in der damaligen Welt,
wurde dieses auch - im Kloster - selbst hergestellt.

Tierhäute werden - in verschiede Laugen getaucht,
bei der Verarbeitung - wird viel Wasser verbraucht.

Daher war es wichtig - dass eine solche Werkstatt,
schon damals - ihr fließendes Wasser hat.

Zwar ließ man das Wasser - durch die Rohre fließen,
doch als Trinkwasser war dieses - nicht zu genießen.

Auch aus Brunnen - hatte man zudem,
mit trinkbarem Wasser - sein Problem.

Und sauberes Wasser - aus der Quelle,
war nicht sogleich - überall zur Stelle.

Damit niemand gesund - verdurstet ist,
griffen die Klöster überall - zu einer List.

Was den Bayern - ihr geliebtes Bier,
ist Wein für uns - das Lebenselixier.

Erlaubt waren - als Tagesration,
zwei bis vier Liter Wein - pro Person.

Ich brauche es nun - nicht extra zu betonen,
mit vier Litern Wein - hätte jeder Visionen.

Doch jetzt wieder nüchtern - und Spass bei Seit',
der Wein damals war - nicht so gehaltvoll wie heut'.

Mit Gewürzen angereichert - wohlbedacht,
hat er nicht so schnell - betrunken gemacht.

In den Klöstern wurde auch - damit die Zeit vergeht,
oftmals an kostbaren - liturgischen Gewänder genäht.

Und man kümmerte sich - in den Klosterschranken,
ebenso um die Schwachen - und die Kranken.

Auf dem Rupertsberg - gab es dazumal,
zum Pflegen der Kranken - ein Klosterhospital.

Dort wurden die Krankheiten bekämpft - verbissen,
mit dem damalig bekannten - medizinischen Wissen.

Hildegard später einmal schwärmt,
hierdurch - hätte sie - viel gelernt.

Ich darf es hier - schon mal verraten,
das Kloster hatte auch - einen Kräutergarten.

So ein Garten - der stand lange schon,
in der klösterlichen Tradition.

Weil der Rupertsberg - mit vielen Ländereien bedacht,
wurden diese - von dort verwaltet - und überwacht.

Durch all diese Aktivitäten - im täglichen Verlauf,
kam für die Nonnen sicherlich - nie Langeweile auf.

Am Anfang - als diese - zum Rupertsberg hin kamen,
wurden sie von den Bingern begrüßt - mit offen Armen.

Mit Hildegard und ihrem Kloster - in der Nachbarschaft,
erhoffte sich die Stadt Bingen - mehr Wirtschaftskraft.

Durch die vielen Pilger - die zu Hildegard kamen,
stiegen für die Binger - tatsächlich die Einnahmen.

Viele dieser Reisenden - haben auch in Bingen logiert,
ja, wir haben schon damals - vom Tourismus profitiert.

So begann - durch Hildegards Bemühen,
die Region hier - förmlich aufzublühen.

Und der Abtei wurden immer mehr - Geschenke gebracht,
plötzlich war das Kloster selbst - eine Wirtschaftsmacht.

Hildegard bekam dazu - noch ein Mühlenrecht,
das fanden die Binger damals - besonders schlecht.

Somit konnte Hildegard - auch die Preise diktieren,
dies war von den Kaufleuten - nicht zu akzeptieren.

Als sie noch anfing - eigenen Wein auszuschenken,
begann man in Bingen - auf einmal umzudenken.

Jetzt haben die Binger - seit diesen Stunden,
den Rupertsberg - als Bedrohung empfunden.

Durch Hildegards Privilegien - fühlten sie sich unterjocht,
und schließlich - hat die Volksseele - so richtig gekocht.

Die Binger wollten wieder - wirtschaftlich - das Sagen,
so fingen sie an - vor den höchsten Gerichten zu klagen.

Was sie stets auch - hier unternommen,
das Kloster hatte immer - Recht bekommen.

Der Ton wurde nun schärfer - um nicht zu sagen verroht,
denn die Binger haben Hildegard - jetzt massiv bedroht.

Dies hatte Hildegard schon - sehr wohl bedacht,
und sich nicht leichtfertig - hier Feinde gemacht.

Bevor sie - ihre Nachbarn - hatte alle verprellt,
wurde das Kloster - unter kaiserlichen Schutz gestellt.

Daher mussten es sich - die Binger verkneifen,
den Rupertsberg - mit Waffengewalt anzugreifen.

Wenn Ihr wissen wollt - wie das damals gewesen,
mit dieser Schutzurkunde - müsst Ihr weiter lesen.

Hildegard und Kaiser Friedrich I. - Barbarossa

Lange bevor - die Fehde mit Bingen - wurd' heißer,
hatte Hildegard Kontakt - mit Friedrich - dem Kaiser.

Als „Barbarossa" ging er ein - in die Geschichte,
wegen dem roten Vollbart - in seinem Gesichte.

Dessen Vater - auch Friedrich der Einäugige genannt,
war mit Hildegards Eltern - in Bermersheim bekannt.

Diese sich - auf ihren Gütern - wohl öfters trafen,
in Alzey ist der Einäugige - später entschlafen.

Jedenfalls hatte Hildegard - und das ist Fakt,
seit längerem - mit Barbarossa Briefkontakt.

Er ist der Allererste - den man heute kennt,
der sie „Frau Hildegard von Bingen" nennt.

Lediglich fünf Schreiben sind es - alle zusammen,
davon vier Briefe - aus Hildegards Feder stammen.

Also gab es von Barbarossa - ohne zu übertreiben,
an Hildegard - lediglich - ein Antwortschreiben.

Wie ich Hilde kenne - hatte sie laut geflucht,
und den Kaiser - 1155 - umgehend besucht.

So ging sie nach Ingelheim - in die Kaiserpfalz,
mit Forderungen im Gepäck - und einem dicken Hals.

Wegen ihrem Krach mit den Bingern - solle er sie unterstützen,
und endlich - als deutscher Kaiser - ihr Kloster schützen.

Wahrscheinlich sprach er zu ihr - als Edelmann,
„Lass' mich überlegen - wie ich Dir helfen kann".

Schon damals - brauchte die Regierung viel Zeit,
doch 1163 - da war es endlich soweit.

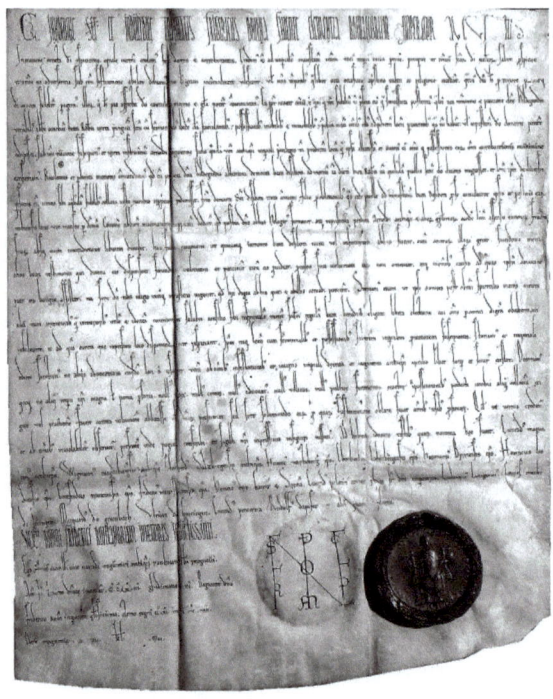

Schutzurkunde
Kaiser Friedrich I.
„Barbarossa"

11. April 1163

Koblenz
Landeshauptarchiv

Beim Hoftage zu Mainz - in adliger Runde,
bekam Hildegard - die kaiserliche Schutzurkunde.

„Ab sofort - da sollte es sich - jeder verkneifen,
Äbtissin Hildegard - und ihr Kloster anzugreifen".

Denn ansonsten - da bekäm' es derjenige nun,
mit dem deutschen Kaiser - persönlich zu tun.

So steht es geschrieben - auf dem alten Pergament,
und einmalig - dass man Hildegard „Äbtissin" nennt.

Voller Angst - vor der kaiserlichen Acht,
haben sich die Binger - nun in die Hosen gemacht.

Hildegard jedoch - hatte viel weiter geschaut,
und einem anderen Frieden - nicht getraut.

Barbarossa hatte sich - schon länger unentwegt,
mit dem Papst - Alexander dem Dritten - angelegt.

Was dem Kaiser - ganz und gar nicht gefällt,
dass der Mainzer Erzbischof - nicht zu ihm hält.

Daher hat Barbarossa - dann alles zerstört,
was Erzbischof Konrad von Mainz gehört.

Deshalb ließ der Kaiser - durch seine Vasallen,
1165 den Rheingau - und Bingen überfallen.

„Mit Schwert und mit Feuer - gänzlich verheert",
so wird dieses Ereignis - in alten Schriften gelehrt.

Drei Wochen dauerte - dieses Missbehagen,
dann wurden die Vasallen - in die Flucht geschlagen.

Hier hatte sich die Schutzurkunde - schon gelohnt,
denn das Kloster Rupertsberg - wurde verschont.

Mit dem Feldzug 1165 - fielen abschnittsweise,
nicht nur im Rheingau - die Immobilienpreise.

Ich erwähne dies - hier kurz einmal,
und merkt Euch - diese Jahreszahl.

Die wird später noch - bei Hildegards Zielen,
eine ganz gewichtige - Rolle spielen.

Noch einmal zurück - zu Barbarossa - dem Kaiser,
sein Konflikt mit dem Papst - der wird immer heißer.

So hat Friedrich Barbarossa - zorngeschwellt,
einen dritten Gegenpapst - neu aufgestellt.

Das hat Hildegard - überhaupt nicht gepasst,
und den Kaiser für sein Verhalten - nun gehasst.

Sie ergriff für Papst Alexander - eindeutig Partei,
und schrieb einen klaren Brief - aus ihrer Abtei.

„Gib Acht" - so hatte Hildegard gegen Friedrich gewettert,
„dass dich der oberste König - nicht zu Boden schmettert".

Bei jedem Anderen - da hätte es mächtig gekracht,
und der Kaiser ihn dann - einen Kopf kürzer gemacht.

Nur bei ihr - schlug der Kaiser nicht auf den Putz,
denn Hildegard stand - unter seinem eigenen Schutz.

Wie Barbarossa - war sie rothaarig und gewitzt,
aus solch hartem Holze - war Hildegard geschnitzt.

Auch sonst hatten sie - Gemeinsamkeiten,
ihre Schriften - überdauerten die Zeiten.

Seine Urkunde konnte - in den nächsten fünfhundert Jahren,
das Kloster Rupertsberg - vor jeder Zerstörung bewahren.

Erst die Schweden machten dann - mit böser Miene,
diese Abtei - im Dreißigjährigen Kriege - zur Ruine.

Das Leben des Heiligen Rupert als Klosterregel

Hildegards Schwestern - wollten lange schon,
mehr erfahren - über ihren - Klosterpatron.

So hat sie - durch diese angetrieben,
die „Vita Sancti Ruperti" - geschrieben.

Ganz in der mittelalterlichen - Tradition,
ein adliger Heiliger - mit Vorbildfunktion.

Daraus hat Hildegard - ganz besonnen,
ein Lehrstück gemacht - für ihre Nonnen.

Dazu würde - ihr Dogma passen,
nur Adlige - in ihr Kloster zu lassen.

Ich will jetzt nicht sagen - sie hat was erlogen,
nur Einiges wohl - aus ihren Fingern gesogen.

Noch eine Absicht - verfolgte Hildegard inzwischen,
nämlich den Kult um Sankt Rupertus - aufzufrischen.

Ist der Heilige Rupert - wieder angesehen,
wird es auch dem Kloster - wohl ergehen.

Ja - Hildegard als Autokrat,
wusste immer - was sie tat.

Das Gebot der Maßhaltung - des Heiligen Benedikt,
umging sie - mit eigenen Regeln - ganz geschickt.

Wenn er schon nicht wollte - dass man was besaß,
dann bitte - aber auch keine Armut - im Übermaß.

Ihren Nonnen - erklärte sie stets meisterhaft,
Enthaltsamkeit - entziehe der Tugend die Kraft.

Aus dem Latein - die Schreiber übertrugen,
„Diskretio" - ist das Maß der Klugen.

Überall - den goldenen Mittelweg,
war für Hildegard - kein Sakrileg.

Sie ist nie - ein Freund geworden,
von den selbst ernannten - Bettelorden.

Auch war es für Hildegard - völlig normal,
das Streben nach der Schönheit - als Ideal.

Eine ihrer Klosterregeln - tat sie so beschreiben,
sich waschen und pflegen - um hübsch zu bleiben.

Und bei ihr - durften die Nonnen - an festlichen Tagen,
goldenen Schmuck - und ihr langes Haar - offen tragen.

Dass jetzt - kein falscher Eindruck entsteht,
die Disziplin - ihr stets - über alles geht.

Der Vorwurf des Übermutes - ist nicht richtig,
denn strenge Regeln - waren ihr wichtig.

Nur passten die - nicht in ihre Zeit,
und deshalb - gab es ständig Streit.

Ihre Einstellung - zur Sexualität,
damals - kaum einer versteht.

Ohne Befriedigung - der Leibeslust,
entstünde im Menschen - schlimmer Frust.

So schreibt Hildegard - ganz exklusiv,
und sieht Sexualität - recht positiv.

Natürlich - ohne himmlische Liebe,
sind es nur noch - Teufels Triebe.

Ihre Äußerungen - sind so detailliert,
als hätte sie es selber - mal ausprobiert.

Die Beschreibungen - von Geschlechtsorganen,
lässt den Klerus - vermutlich - nichts Gutes ahnen.

„Ihre Visionen" - sprach Hildegard - „wären gottgegeben",
damit sicherte sie sich - vor dem Klerus - ihr Überleben.

Auf dem Rupertsberg - die Klostersitten,
blieben nach wie vor - umstritten.

Dies sprach sich - auch im Erzbistum,
ganz schnell - in Windeseile - 'rum.

Als Hildegards Lebensführung - wurde bekannt,
hagelte es nur so Kritik - aus dem ganzen Land.

Sie - die nur Anderen Tugend predigt,
wird nun selbst - von ihr entledigt.

Das empfand Hildegard - als blanken Hohn,
undenkbar - man zweifelte - an ihrer Person.

An ihr - die stets doch ungeniert,
immer nur die Anderen - kritisiert.

Hier entpuppt sich - Gottes Dienerin,
urkundlich - als „echte Bingerin".

Wir können auch heute noch - keine Kritik ertragen,
denn die schlägt uns - so furchtbar - auf den Magen.

Unter diesem Gesichtspunkt - gesehen,
kann ich Hildegard - sehr gut verstehen.

Die allermeiste Kritik - kam mannigfach,
von Tengswich - Äbtissin in Andernach.

Allein schon - dieser seltsame Namen,
lässt sicherlich - nichts Gutes ahnen.

Hildegards Umtriebe - könne sie gar nicht glauben,
und will von ihr wissen - wer würde so was erlauben.

Tengswich - will sich auch vorbehalten,
den Papst hier - offiziell einzuschalten.

Und außerdem - Hildegard sollte sich was schämen,
nur adlige Frauen - in ihrem Kloster aufzunehmen.

Dies wäre ja wohl - ein starkes Stück,
und Hildegard - sie schlug zurück.

„Dass eine Jungfrau ihr Haar verhülle - bis ins Gesicht,
eine solche Regel" - laut Hildegard - „gäbe es nicht".

„Sich so dem Herrn zu zeigen - das ist wohlgetan,
und jetzt höre Dir - den folgenden Satz noch an".

„Wenn Unadlige in mein Kloster kämen - so der Fall,
dann hielte man - Ochs' und Schaf - in einem Stall".

„Da brauchst Du - erst gar nicht lange zu fragen,
solche würden sich nicht - mit uns vertragen".

„Weil jeder - in seinen Stand geboren,
haben die bei uns - auch nichts verloren".

Ja - meine Nachbarin - die Hildegard,
war schon - manchmal - ganz schön hart.

Der Druck auf die Klöster - wurde immer stärker,
die Kirche wollte mit dem Volk - jetzt keinen Ärger.

Da immer mehr Unadlige - sich damit befassen,
hat Hildegard sich - was einfallen lassen.

Das Kloster Eibingen

In Eibingen - direkt bei Rüdesheim,
plante sie etwas - ganz insgeheim.

Da stand ein Kloster - von Augustinern verlassen,
und Hildegard dachte - dieses könnte mir passen.

Sie suchte ein Gebäude - in der Nähe von Bingen,
um ihre unadligen Nonnen - dort unterzubringen.

Dieses Kloster war - zu jener Zeit,
dem Heiligen Giselbert - geweiht.

Die Bausubstanz - war eher schlecht,
doch Hildegard - war das Kloster recht.

Da dieses in Eibingen - lag in Scherben,
konnte sie es - daher günstig erwerben.

Barbarossas Truppen - hatten ja den Rheingau demoliert,
daher hatte sie das Kloster Eibingen - erstmal renoviert.

Man schreibt 1165 - in dem gleichen Jahr,
als ein Teil von Bingen - Schutt und Asche war.

Ich hatte es Euch ja - schon offeriert,
dass in diesem Jahr - noch viel passiert.

Die Binger kämpften drei Wochen - ums Überleben,
und Hildegard hat Geld - für eine Ruine ausgegeben.

Die Renovierung - so zeitgenössische Zungen,
hätte eine stattliche Summe - verschlungen.

So ein Verhalten - wäre nicht ganz normal,
war das Leben der Binger - ihr völlig egal ?

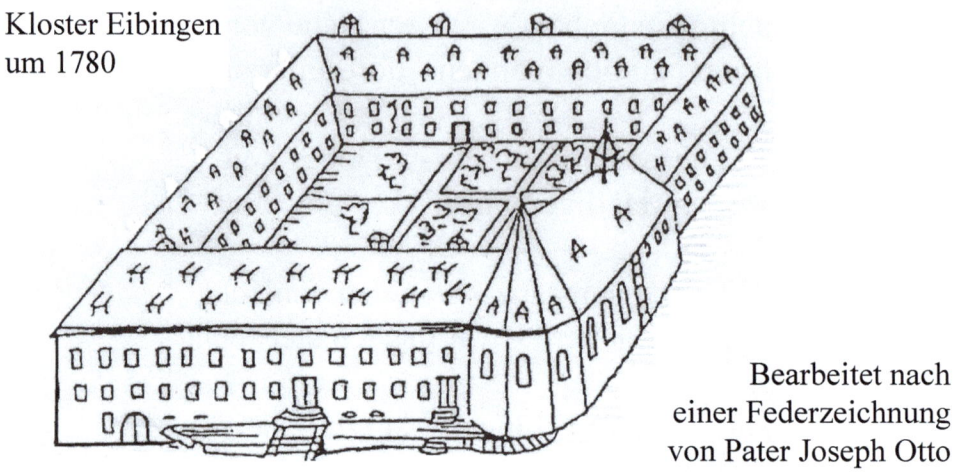

Kloster Eibingen
um 1780

Bearbeitet nach
einer Federzeichnung
von Pater Joseph Otto

Es würde aber nicht - zu Hildegard passen,
dass sie die Binger - hätte verhungern lassen.

Sicherlich gab's auch Querelen - in dieser Zeit,
die beruhten dann immer - auf Gegenseitigkeit.

Es gibt keine Berichte - dass sie gegen die Stadt,
sich verbittert - oder unchristlich - verhalten hat.

Heute sind wir nicht mehr nachtragend - in solchen Dingen,
und machen wieder Geschäfte - mit Hildegard von Bingen.

Ihr Filialkloster in Eibingen - war für dreißig Nonnen gebaut,
mit der Verwaltung hatte Hildegard - aber eine Adlige betraut.

Zweimal in der Woche - fuhr sie dort hin,
um zu prüfen - die Ordnung und Disziplin.

Mit einem Nachen kam sie über den Rhein - in ihre Filiale,
da wurde noch gerudert - und dies ohne Pendlerpauschale.

Schon bald hat Hildegard - ihre nichtadligen Nonnen,
auf der anderen Rheinseite - auch richtig lieb gewonnen.

So war neben dem Rupertsberg - an der Nahemündung,
in Eibingen ihre zweite - und letzte - Klostergründung.

Im Dreißigjährigen Krieg - wurde es auch nicht verschont,
doch später haben Benediktinerinnen - wieder dort gewohnt.

Als Napoleon mit seinen Truppen - auf das Kloster stößt,
wurde dieses - 1814 - endgültig aufgelöst.

Teile der Inneneinrichtung - kamen auf die Schnelle,
mit Rupertusschrein - in die Binger Rochuskapelle.

Nur der goldene Schrein - von Hildegard,
wird seitdem - in der Eibinger Kirche verwahrt.

Der letzte Rest - der vom alten Kloster noch stand,
ist dann - im Jahr 1932 - völlig abgebrannt.

Die heutige Abtei - die Ihr nun dort schaut,
wurde erst um 1900 - über Eibingen erbaut.

Ihre heutige Berühmtheit - beruht wohl mithin,
auf der allseits beliebten - „Hildegardmedizin“.

Ihr umfangreiches Werk ist - wie Experten befanden,
1150 bis 1160 - im Kloster Rupertsberg entstanden.

Man weiß - und da gibt es gar keinen Disput,
dass dieses Buch nicht - auf ihren Visionen beruht.

Auf ihr Wissen - was Natur- und Heilkunde betrug,
nahm Hildegard in diesem Buch - ausführlich Bezug.

Der Titel ihres Werkes - der heißt nur kurzum,
„Liber subtilitatum diversarum naturarum creaturarum“.

Das müsst Ihr Euch nicht merken - nur dass Ihr es wisst,
weil dieses Buch - schon sehr lange - verschollen ist.

Zeitgenössische Abschriften - existieren nicht mehr,
so gehen nur Vermutungen - über Hildegards Wissen umher.

Im 13. Jahrhundert - tat man in mehreren Stücken,
ihr großes Buch - buchstäblich - auseinander pflücken.

In zwei Teilen wurden - für die damalige Welt,
Hildegards Erkenntnisse - neu zusammen gestellt.

Teilweise umgeschrieben von Quacksalbern - den Bösen,
nur um bei Anderen - Kompetenzvermutung auszulösen.

Im ersten Teil - genannt die „Physica",
geht es um Naturkunde - und Pharmaka.

Im „Causae et curare" - dem zweiten Teil,
steht die Behandlung - von Körper- und Seelenheil.

Was nun noch darin - von Hildegard benannt,
ist selbst der Fachwelt - nicht mehr bekannt.

Da schlagen die Texte und Formen - so aus der Art,
die können unmöglich verfasst sein - von Hildegard.

So machen diese Schriften - auch keinen großen Sinn,
wo Hildegard drauf steht - ist nicht immer Hildegard drin.

Ich will hier jetzt keinem - seine Illusion rauben,
doch ein gesunder Zweifel - ist stets zu erlauben.

In anderen Texten - kommt man auf die Spur,
von Hildegards Wissen - über Medizin und Natur.

Für sich verwendet sie das Wort - „indocta" vermehrt,
und das bedeutet - im Lateinischen - „ungelehrt".

Vielleicht behauptet sie das - aus Bescheidenheit,
oder war Hildegard doch - nicht so gescheit ?

Ein Zeitgenosse schreibt - von anderer Stätte,
dass sie von Anatomie - keine Ahnung hätte.

Das medizinische Credo - zur Zeit Hildegards wäre,
die aus der Antike stammende - „Vier-Säfte-Lehre".

Aus gelber und schwarzer Galle - sowie Blut und Schleim,
bestehen die Lebenssäfte des Menschen - ganz insgeheim.

Diese werden unterschieden in - kalt und heiß,
sowie in feucht und trocken - wie jeder weiß.

Sind diese Säfte im Ungleichgewicht - zur Stund',
dann ist der Mensch - nicht mehr gesund.

Das ist jetzt - keine Bauernregel,
sondern - Hildegards Menetekel.

Diese vier Lebenssäfte stehen - so glaubte man lang,
mit allen der vier Elemente - im Zusammenhang.

Die Natur war den Menschen - noch nicht geheuer,
so gab es nur - Erde - Wasser - Luft - und Feuer.

Aus diesen vier Elementen - die ganz Welt bestand,
daran wurde geglaubt - und nur das war bekannt.

Hildegard schreibt nun - völlig vergnügt,
Gott hätte die Elemente - zusammengefügt.

Und daraus - folgert sie sodann,
das man die - nicht trennen kann.

Auch unterschieden werden die Elemente - aus ihrer Sicht,
in die - welche man greifen kann, und in solche - die nicht.

Daher seien Feuer und Luft - ganz eng verwandt,
mit der Seele des Menschen - und seinem Verstand.

Dagegen - Wasser und Erde - ganz genau,
zusammenhängen - mit seinem Körperbau.

Solche Erkenntnisse - klingen heute - eher heiter,
bringen medizinisch - uns keinen Schritt weiter.

Die Ursache von Krankheit - liegt überall,
laut Hildegard - im paradisischen Sündenfall.

Der Mensch wird krank - was sie beschwört,
wenn das Verhältnis zu Gott - zu sehr gestört.

So ist für Hildegard - die Harmonie,
die oberste - Gesundheitsgarantie.

In ihrer Elementenlehre - gibt sie zu verstehen,
Geist und Körper - muss man stets zusammen sehen.

Wie ist Hildegard - zu ihrem Wissen gekommen,
und von wem hat sie was - dann übernommen ?

Dieses ist schon - bemerkenswert,
denn Medizin - wurde damals nicht gelehrt.

In den Klosterbibliotheken - stand so manches herum,
aber hauptsächlich nur Schriften - aus dem Altertum.

Was auch noch - eine Möglichkeit,
wären die Klosterspitäler - aus jener Zeit.

Im Rupertsberg hatte sie - ein Hospital vor Ort,
und lernte - praxisbezogen - dort.

Reisende - haben ihre Erfahrungen mitgebracht,
die bei Hildegard logierten - so manche Nacht.

Durch ihr ständig - permanentes Fragen,
hat sie Weisheiten - zusammengetragen.

Hildegard war selbst oft krank - so sehr,
hatte aus eigener Erfahrung - ihr Wissen her.

So gab sie - die Kenntnis kund,
mit der sie selbst - wurde gesund.

Aus all diesen Quellen - ganz gekonnt,
erweiterte Hildegard - ihren Horizont.

Und empfiehlt - nicht nur zum Spaß,
das Schröpfen - und den Aderlass.

Ihre Diagnosen bleiben - sicherlich,
für immer - mittelalterlich.

Für Hildegard sind Pflanzen - die wichtigsten Mittel,
zur Heilung - und benennt sie - in 230 Kapitel.

Ob diese kalt, warm, trocken oder feucht sind - sie beschreibt,
doch das Aussehen jener Pflanzen - das unterbleibt.

Viele hat sie mit ihren - rheinfränkischen Begriffen versehen,
dadurch sind die Namen - der Pflanzen - kaum zu verstehen.

Einige Kräuter - sind heute bekannt,
die Hildegard damals - hat benannt.

Zwischen ihrer - beschriebenen Wirkungsweise,
klafft zu heutigem Wissen - eine Schneise.

„Johanniskraut - ist nur fürs Tier" - so Hildegard subtil,
„als Medizin jedoch - da tauget es - überhaupt nicht viel".

Da scheint Hildegard - des Irrtums - leichte Beute,
Johanniskraut ist die wichtigste Heilpflanze - heute.

Bei Gicht - empfiehlt sie Blätter - vom Aaronstab,
der ist giftig - man steht mit einem Bein im Grab.

Der Aaronstab - der ist ein Problem,
er lähmt - das zentrale Nervensystem.

Sie hat es zwar - nicht direkt - so beschrieben,
aber hier wurde Böses - mit Bösem vertrieben.

Bei Hildegards Kräutern - ist dringend empfohlen,
sich stets - eine zweite Meinung - einzuholen.

Doch jetzt noch etwas - zu Hildegards Ehren,
Dinkelbrot könnt Ihr - bedenkenlos verzehren.

Ebenso Steine - verwendete sie bisweilen,
zur Linderung - wie auch zum Heilen.

In der „Physica" steht - ganz allgemein,
Feuchtigkeit und Hitze - hätte jeder Stein.

Besonders Edelsteine - könne man animieren,
und mit bestimmten Zauberformeln - aktivieren.

Selbst der Teufel wird dadurch - seiner Macht beraubt,
natürlich nur - wenn man an das Übernatürliche glaubt.

Ich habe schon gelesen - so manches mal,
Hildegard-Stein des Monats - sei der Opal.

Die Fundorte - von solchen Mineralien,
liegen in Mittelamerika - und in Australien.

Beide Erdteile - waren noch gar nicht entdeckt,
überlegt gut - wo Hildegard wirklich drinsteckt.

Ihre Predigtreisen

In diesem Kapitel - möchte ich verweisen,
auf Hildegards - vier große Predigtreisen.

Als berühmter - mittelalterlicher Star,
wollten viele sie hören - ist doch klar.

In ihrem Kloster - konnte sie nicht alle empfangen,
und daher ist Hildegard - auf Tournee gegangen.

Die genauen Jahreszahlen - waren nicht zu erfahren,
nur dass die Reisen - zwischen 1160 und 1170 waren.

Die erste Reise ging über Würzburg - nach Bamberg am Main,
dort predigte sie vor dem Klerus - und dem Volke obendrein.

Die zweite ging über Trier nach Lothringen - trotz Gebrechen,
wollte sie trotz Erkrankung - dort die Wahrheit aussprechen.

Ihre dritte Reise ging bis nach Lüttich - den Rhein entlang,
auf allen Stationen dort - gab es einen großen Empfang.

Nur in Köln waren die Domherren - doch sehr irritiert,
weil Hildegard deren lüsternen Lebensstil - kritisiert.

Dort predigte sie kämpferisch - gegen die Katharer,
für Hildegard waren die nicht - des Glaubens Bewahrer.

Die Katharer waren die schlimmsten Ketzer - jener Zeiten,
weil sie unter Anderem - das Alte Testament bestreiten.

Bei ihrer vierten Reise - ist Hildegard bis Schwaben gefahren,
ins Kloster Zwiefalten - und das im Alter von 72 Jahren.

Bei den damaligen Reisestrapazen - kaum zu glauben,
kein Arzt würde das - einer kränklichen Frau erlauben.

Dass Hildegard nun wirklich - überall dort gewesen,
können wir nur - in ihrem eigenen Lebenslauf lesen.

Kein Archiv oder Urkunde - erwähnt an genannter Stätte,
dass Hildegard persönlich - dort jemals gepredigt hätte.

Daher ist wohl eher - davon auszugehen,
sie hat die beschriebenen Orte - nie gesehen.

Experten geben neuerdings - einer Theorie statt,
dass es sich hier nur - um Predigtbriefe gehandelt hat.

Die hätte man dort dem Volk - und den Klerikern vorgelesen,
ansonsten wäre Hildegard - monatelang unterwegs gewesen.

Sie hätte sich nie - so lange getrennt - von ihren Nonnen,
zudem hatte sie - mit ihrer dritten Visionsschrift begonnen.

Eines hatte sie mit Sicherheit - ganz ungelogen,
in ihren Briefen - gegen Unsitte - deutlich Stellung bezogen.

Hildegard als Exorzist

Hildegard - als guter Christ,
versuchte sich auch - als Exorzist.

Normalerweise - ist so ein Verhalten,
nur geweihten Priestern - vorbehalten.

In einer Vita von ihr - lesen wir einprägsam,
wie Hildegard - zum Exorzismus kam.

Berichtet wird - von einer Dame,
„Sigewize" - war ihr Name.

Diese adlige Frau - vom Niederrhein,
fing sich einmal - einen Dämon ein.

Daher nahm sie sich - damit sie jemand betreut,
Abt Gedolph von Brauweiler - als Therapeut.

So hat er die adlige Frau - an heilige Stätten geführt,
und gebetet - doch der Dämon - hat sich nicht gerührt.

Der Geist war - von der schlimmen Sorte,
und reagierte nicht - auf Gedolphs Worte.

Durch Selbstüberschätzung - nimmt der Dämon die Hürde,
und nennt „Schrumpelgardis" - der er sich beugen würde.

Der Abt wusste - Verballhornung ist Teufels Art,
und war überzeugt - dieser meinte - Hildegard.

Da schrieb er ihr - direkt einen Brief,
in dem er sie - um Rat anrief.

Sieben Preister - antwortete sie - in ihrem Schreiben,
brauchst du - um diesen bösen Geist - zu vertreiben.

Als jene - um die Besessene - versammelt waren,
ist der Dämon tatsächlich - aus ihr heraus gefahren.

Doch ein echter Teufel - der braucht sodann,
einen neuen Körper - den er besetzen kann.

Die anwesenden Priester - waren ihm verwehrt,
so ist er wieder in die Geheilte - zurückgekehrt.

Den Geistlichen war die Situation - wirklich prekär,
wo bekommen die nun - einen geeigneten Körper her.

Die Pfaffen sich - die Haare raufen,
irgendwie - ist das dumm gelaufen.

Für die Frau - war das ein starkes Stück,
und sie forderte sofort - ihr Geld zurück.

Die Priester wollten sich - noch arrangieren,
die Beschwörung - nochmals zu probieren.

Dagegen - hat sich die arme Frau verwahrt,
und machte sich zu Hildegard - auf die Fahrt.

Dort angekommen - hat Hildegard ihr offeriert,
dass in den nächsten Wochen - nichts passiert.

Sie bräuchte zunächst - noch etwas Zeit,
an Ostern denkt sie - da wäre es soweit.

Um die Wartezeit - nicht so lang zu gestalten,
hat Hildegard sich - mit dem Geist unterhalten.

Sie machte dem Dämon - auf ihre Art klar,
in der Osternacht - verschwindest du - vor dem Altar.

Offensichtlich wollte er sich - Weiteres ersparen,
so ist er an Ostern - tatsächlich - heraus gefahren.

Schwefliger Rauch - durchdrang stechend die Nacht,
und zum Abschied hat er noch - ein Häufchen gemacht.

Welchen neuen Körper - er danach beglückt,
haben die Schreiber - nicht heraus gerückt.

Doch zumindest - weiß jetzt - jedermann,
geh' gleich zu einem - der auch helfen kann.

In vielen Dingen - nicht verzagen,
nur Hildegard von Bingen fragen.

Hildegards Buch der Gotteswerke

Verfasst in Latein - wurde wiederum,
das - „Liber Divinorum Operum".

Es beschreibt die Allmacht - des Höchsten Stärke,
auf deutsch - „Das Buch der Gotteswerke".

Es ist das dritte Werk - von Hildegard,
in dem sie uns - zehn Visionen offenbart.

Sie lässt uns an Dingen - die im Himmel und auf Erden,
zusammenfließen - durch ihr Schauen teilhaftig werden.

Elf Jahre schrieb sie - hat zusammengetragen,
all die Erkenntnisse - aus ihren Erdentagen.

Ein Feuerwerk - von Hildegards ganzem Wissen,
in diesem Buch - da wird der Himmel aufgerissen.

Sie gibt uns hiermit kund - was Gott geplant,
und des Menschen Geist - nur schwach erahnt.

Der Mensch - und alles - was ihn umeilt,
wird in Mikro- und Makrokosmos - unterteilt.

Ihre Erkenntnis - ist wie von einem anderen Stern,
für uns - und unser Weltbild - wieder hochmodern.

"Der Kosmosmensch"
nach einer Miniatur im
"Liber Divinorum Operum"

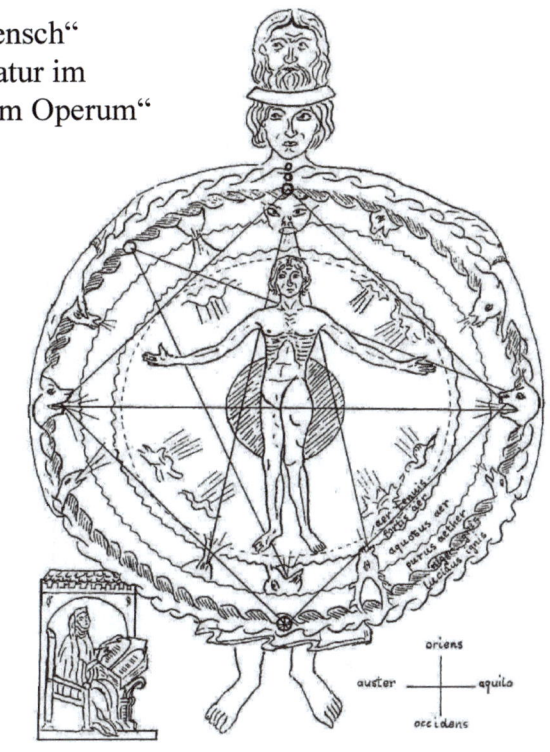

Beim „Kosmosmenschen" - kann man es sehen,
und Hildegards Visionen - besser verstehen.

Die Erde war damals - der Mittelpunkt der Welt,
ihre Vision - den Menschen in das Zentrum stellt.

Er steht fest auf der Erde - mitten in der Natur,
ringsum das Weltall - mit der Planetenspur.

Jesus Christus - die ganze Welt umspannt,
er hält sie zusammen - mit schützender Hand.

Die Ebenen sind - mit Verbindungsfäden durchwoben,
und Gott Vater wacht über seine Schöpfung - von oben.

Hildegard erkennt - für die Zukunft der Natur - ganz scharf,
dass deren Gestaltung - eines vernüftigen Menschen bedarf.

Nur er sieht - worauf sie ständig drängt,
das Alles mit Allem - zusammenhängt.

Deshalb ist das Schlimmste - aus ihrer Sicht,
die Störung - vom natürlichen Gleichgewicht.

Es können nur - so hat es Hildegard gesehen,
Gott, Mensch und Natur - gemeisam bestehen.

Daher ist Harmonie - was unsere Welt,
laut ihr - im Innersten zusammenhält.

Eigentlich müssten alle Umweltverbände - für ihr Treiben,
sich „Hildegard von Bingen" - auf die Fahnen schreiben.

Noch eine Vision - lässt Hildegard nicht ruh'n,
die innere Einstellung des Menschen - für sein Tun.

Gottes Liebe und Weisheit - für unser Leben,
müssen wir untereinander - weitergeben.

Da dieser Geist - die ganze Natur umspannt,
sagte sie es einem Arzt - ganz wortgewandt.

Wie willst du heilen - oder retten ein Leben,
ohne deine Tugenden - mit hinzu zu geben ?

Mit Liebe und Demut - wirst du omnipotent,
nur so kannst du erst helfen - deinem Patient.

Es kann nicht wirken - eine Arzenei,
wenn nicht Gottes Wunsch - ist mit dabei.

So legt sie Wert - und besonderes Gewicht,
ohne Wahrheit und die Liebe - geht es nicht.

Noch bevor Hildeards Werk - wurde fertiggestellt,
verließ ihr Sekretär Volmar - diese irdische Welt.

Seit über zwanzig Jahren - war er ihr privater,
Gehilfe und Freund - sowie loyaler Berater.

Den tragischen Verlust - sie unendlich bedauert,
er war der erste - um den Hildegard richtig trauert.

Selbst der Tod ihrer Eltern - hat sie nicht gegrämt,
zumindest hatte Hildegard - diesen nie erwähnt.

Eine lateinische Schreibkraft - die fehlte jetzt ihr,
so wendete sie sich - an den Abt Ludwig von Trier.

Er und seine Mönche - haben so behändet,
Hildegards Buch - in Latein dann beendet.

Ihr neuer Vertrauter - wird nach diesem Werk,
Gottfried - wieder ein Mönch vom Disibodenberg.

Nur zwei Jahre nachdem Gottfried - Hildegard begegnet,
hat dieser ganz plötzlich - auch das Zeitliche gesegnet.

Wibert von Gembloux - ein Wallone und sprachgewandt,
schon seit längerm mit Hildegard - im Briefwechsel stand.

Mit fast achzig Jahren - und schon ergraut,
hat sie dem jungen Mönch - viel zugetraut.

So fiel Hildegard - diese Entscheidung nicht schwer,
diesen Adligen ernannte sie - zu ihrem neuen Sekretär.

Er war für sie eine große Stütze - in ihrem Kontor,
denn das Schlimmste - stand Hildegard noch bevor.

Der Begräbnisstreit

1178 - ein Jahr vor ihrem Tod,
kam Hildegard - in schwere Not.

Ein junger Adliger begab sich - in ihre Klostermauern,
um dort friedlich zu sterben - zu Hildegards bedauern.

Was die Sache zusätzlich - verkompliziert,
der Jüngling war nämlich - exkommuniziert.

Doch dieser - hat kurz vor seinem Tod mal eben,
um die Vergebung - von seinen Sünden gebeten.

Versehen mit der letzten Ölung - einem Gnadenmittel,
erwarb er das Recht - eines christlichen Begräbnistitel.

Daher hat Hildegard ihn - mit allen Gottesgaben,
auf ihren Klosterfriedhof - würdig begraben.

Als das Mainzer Domkapitel - davon Kenntnis erlang,
es sofort - symbolisch - im heiligen Dreieck sprang.

Die Reexkommunizierung - wurde als nichtig erklärt,
weil kirchenrechtlich - war Hildegard dieses verwehrt.

So wurde ihr - vom Domkapitel in Mainz befohlen,
den Verstorbenen - sofort aus seinem Grab zu holen.

Außerdem - würden sie - strikt darauf beharren,
diesen Sünder - in ungweihter Erde zu verscharren.

Hildegard schrieb nach Mainz - in ihrem ersten Brief,
über die Entscheidung des Domkapitel - sehr negativ.

„Noch im Sterben bereute - dieser Jüngling von Adel,
seine Verfehlungen - daher ist er jetzt - ohne Tadel".

Für Hildegard stand im Mittelpunkt - die Frage,
die von Gott - für uns garantierte - Gnadenzusage.

So hatte es Hildegard - in ihrer Vision gesehen,
daher war dies für sie - nicht mehr umzudrehen.

Die Domherren - erwiderten das Wortgefecht,
und beharrten schriftlich - auf dem Kirchenrecht.

Wenn Hildegard hier jetzt - nicht endlich einlenkt,
würde über ihr Kloster - das Interdikt verhängt.

Damit würde man ihr - unter Strafe versagen,
jede kirchliche Handlung - an sämtlichen Tagen.

Keine Messe - kein Gebet - auch kein Glockenläuten,
das würde die Verhängung - des Interdiktes bedeuten.

Da kannten die Domherren - aber Hildegard schlecht,
ihr ging es hier auch - um eines Verstorbenen - Recht.

Um sicher zu gehen - hat sie in einer Nacht,
das Grab des Edelmannes - unkenntlich gemacht.

Sie schrieb nach Mainz - um sich heraus zu winden:
„Ich kann dieses Grab - leider nicht mehr finden".

Das Domkapitel - wurde ab jetzt - immer erboster,
und verhing das Interdikt - über Hildegards Kloster.

Auch ein Widerspruch von ihr - wurde abgelehnt,
die Nerven der Domherren - waren nun überdehnt.

Hiermit war der Bogen - zunächst überspannt,
denn kirchlich war ihr Kloster - nun verbannt.

Damit hatte für Hildegard - und ihre Nonnen,
eine der schmerzlichsten Zeiten - begonnen.

Hildegards Betrübnis - war nur von kurzer Dauer,
sie zeigte - zum letzten Male - ihre Frauenpower.

Nun - 1179 - also kurz vor ihrem Tod,
Hildegard dem Domkapitel - ihre Stirne bot.

Trotz ihrer - mittlerweile - 81 Jahren,
ist sie wütend - aus ihrer faltigen Haut gefahren.

Sie wusste - die Domherren - die waren sich nicht eins,
mit Christian - dem damaligen Erzbischof von Mainz.

Dieser war der oberste Chef - vom Mainzer Dom,
und zur Zeit - beim lateranischen Konzil - in Rom.

Dorthin Hildegard - ein offizielles Schreiben entsandte,
in dem sie sich persönlich - an den Erzbischof wandte.

Ihn wollte Hildegard - davon überzeugen,
sie würde sich nur - dem Willen Gottes beugen.

Mit dem wortgewandten Wibert - als ihren Sekretär,
fiel Hildegard die Formulierung - auch nicht schwer.

„Wie können diese Domherren - es nur wagen,
mir und meinen Nonnen - das Beten zu untersagen".

„Hierdurch werden sie - Gottes Diebe,
weil sie ihm entziehen - unsere Liebe".

So sieht Hildegard - das verhängte Interdikt,
als ein teuflisch - unchristliches - Relikt.

Ihre Auffassung der Geschehnisse - sie so formulierte,
dass der Erzbischof in Rom - daraufhin sofort reagierte.

In seinem Brief tat er - Hildegards Haltung loben,
und hat das Interdikt gegen sie - wieder aufgehoben.

So hatte sie sich doch - zu guter Letzt,
mit Beharrlichkeit - wieder durchgesetzt.

Das Domkapitel - musste sich nicht nur entschuldigen,
sondern auch der Gnadenvision - von Hildegard huldigen.

Damit waren die Domherren - alle pikiert,
und Hildegard - öffentlich - rehabilitiert.

Jetzt waren diese auf sie - nicht mehr gut zu sprechen,
das Kapitel wird sich nach Hildegards Tod - noch rächen.

Hildegards Tod

Nachdem sie das Interdikt - nun überwunden,
sind Hildegards Kräfte - allmählich geschwunden.

Im Kloster Rupertsberg - dem heutigen Stadtteil Bingerbrück,
gab Hildegard von Bingen - dem Schöpfer ihre Seele zurück.

In der Nacht zum Sonntag - so können wir lesen,
es war der - 17. September 1179 - gewesen.

In jener Stunde - als es mit ihr zu Ende ging,
der Himmel - über dem Kloster - Feuer fing.

Zwei Lichtbögen - hell am Firmamente glimmten,
welche die vier Himmelsrichtungen - bestimmten.

Im Schnittpunkt der Bögen - so ein Bericht,
erstrahlte ein - mondsichelförmiges Licht.

Ein rotglühendes Kreuz - hatte sich so platziert,
und Hildegards Sterbezimmer - genau markiert.

So hatte sie zum Schluss - das Licht geschaut,
welches - durch die Visionen - ihr so vertraut.

Durch Berührung der Leiche - wurden Kranke gesund,
so geben es die verschiedenen - Überlieferungen kund.

Hildegard wurde - nach offiziellen Angaben,
an „heiliger Stätte" - dann heimlich begraben.

In keiner Chronik - ist nachzulesen,
wo ihr erstes Grab - genau gewesen.

Möglicherweise - hatte die Abtei,
Angst - vor Leichenfledderei.

Auch wurde argwöhnisch - nach Mainz geschaut,
und den Domherren - noch so manches zugetraut.

Im 13. Jahrhundert - waren die Wogen geglättet,
und Hildegard - in die Abteikirche - umgebettet.

Manche Heilige - haben die Angewohnheit,
nur sehr langsam zu verwesen - mit der Zeit.

Hildegard war so was - auch zuzutrauen,
so wurde ihr Sarg geöffnet - um nachzuschauen.

Das war gegen Ende - des 15. Jahrhundert,
was man vorfand - hatte niemand so richtig verwundert.

Jedenfalls ist nichts - darüber zu lesen,
wie ihr Zustand - war gewesen.

Später konnte man - einige Knochen entbehren,
die wurden verschenkt - um sie als Reliquien zu verehren.

Hildegards
Kopfreliquie
1928

Im Dreißigjährigen Krieg - wurde Hildegard über Nacht,
zum Schutze ihrer Gebeine - nach Köln gebracht.

Danach kam Hildegard - mit ihrem Schrein,
zurück ins Kloster - nach Eibingen am Rhein.

Als Napoleons Trupp - auf das Kloster stößt,
wird der Eibinger Konvent - alsdann aufgelöst.

Jetzt - da keine Nonnen mehr - in Eibingen wohnen,
kamen die Gebeine in die Obhut - verschiedener Personen.

1857 werden die Knochen - offiziell identifiziert,
das Herz und die Zunge - fand man mumifiziert.

Heute wird ihr Schrein - in der Kirche Eibingen verwahrt,
alljährlich ist er das Ziel - der Hildegardiswallfahrt.

Die Heiligsprechung

Nach Hildegards Tod - gab es das Begehren,
die Visionärin auch als Heilige - zu verehren.

Damit Hildegard - diese Ehrung erhält,
wurde bei Papst Gregor - einen Antrag gestellt.

Weil die Zahl der Heiligen - sich zu sehr erhöhten,
war neuerdings - eine päpstliche Überprüfung von Nöten.

Dieser forderte Unterlagen - vom Mainzer Domkapitel,
um Hildegard zu erteilen - den verdienten Heiligentitel.

Fünfzig Jahre nach ihrem Tode - hatte unterdessen,
das Domkapitel seine Demütigung - noch nicht vergessen.

Welche beim Begräbnisstreit - ihnen Hildegard zufügte,
und obendrein - der Erzbischof - die Domherren rügte.

So schickten diese Herren - vom Mainzer Dom,
unvollständige Unterlagen - zum Papst nach Rom.

Zwar wurden all ihre Schriften - dort eingebracht,
große Mühe - haben sich die Domherren aber nicht gemacht.

Ihr Buch über die Natur - und Medizin wurde benannt,
doch Wunderheilungen - waren angeblich nicht bekannt.

Protokoll zur
Heiligsprechung Hildegards
(Faksimile, Dezember 1233) Landeshauptarchiv Koblenz

Selbst auf Fragen rückte Mainz - keine Informationen heraus,
da war es mit der Heiligsprechung - zunächst einmal aus.

So hielten die Domherren - ihr Versprechen,
sich an Hildegard - „postümlich" - noch zu rächen.

Zumindest wissen wir heute - durch diese Debatte,
dass sie ihr Medizinbuch - wirklich geschrieben hatte.

Leider ist - durch sein Verschwinden,
das Originalwerk - nicht mehr zu finden.

1317 - hatte es einen zweiten Versuch gegeben,
Hildegard - in den Heiligenstand - zu erheben.

Diesesmal war - die Haupttriebfeder,
der Mainzer Erzbischof - mit Namen Peter.

Warum auch diese Initiative - verlief im Sand,
ist uns allen - bis heute - nicht bekannt.

Beide Verfahren - wurden also abgebrochen,
und Hildegard nie - offiziell heilig gesprochen.

Was uns die Klosterchronik - vom Rupertsberg lehrt,
Hildegard wurde ab 1324 - als „Volksheilige" verehrt.

Plötzlich - im weiteren geschichtlichen Verlauf,
taucht sie - im offiziellen Heiligenkalender auf.

Ich denke - sie ließ dem damaligen Papst keine Ruh',
das traue ich Hildegard - nach ihrem Tode - noch zu.

Im Traume sie ihn - wahrscheinlich - solange quälte,
bis er sie - zwar nur inoffziell - zu den „Heiligen" zählte.

Das war im 16. Jahrhundert - und zur gleichen Zeit,
gerieten Hildegards Werke - mehr in Vergessenheit.

Erst im 19. Jahrhundert - wird sie wieder modern,
und ihre Bücher liest man - zunehmend gern.

Dass wir heute Hildegard - zu verstehen beginnen,
ist ein Verdienst - der Eibinger Benediktinerinnen.

Hildegard heute

Hildegards Klöster - heute nicht mehr stehen,
nur fünf Arkadenbögen - sind noch zu sehen.

Die darunterliegenden Keller - der Rupertsberger Abtei,
stammen nicht von Hildegard - das gilt als zweifelsfrei.

Ansonsten - gibt es seit Langem schon,
keinen Gegenstand - von Hildegards Person.

Trotzdem - so möchte ich es gestehen,
gibt es über Hildegard - viel zu sehen.

Die alte Klosterruine - vom Disibodenberg,
eine Gedenkstätte - für Hildegards erstes Werk.

Weiterhin gibt es - viele Ziele in Bingen,
die Hildegard - einem näher bringen.

So die Brückenkapelle - und die Krypta zusammen,
beide hat sie besucht - welche aus ihrer Zeit stammen.

Die Arkadenbögen - vom Kloster Rupertsberg,
verdienen ebenso - ein Augenmerk.

Weiter gehts es - in die Binger Sankt Rochuskapelle,
dort spürt Ihr Hildegards Geist - überschreitet die Schwelle.

Der einzigartige Hildegardaltar - und ein kleiner Schrein,
mit einer Rippe von ihr - laden zum Gedenken ein.

Vom Heiligen Rupertus - seht Ihr dort - in der Tat,
hinter Glas seine Gebeine - die Hildegard stets verehret hat.

Nicht weit von der Kapelle - wird Euch gerne erwarten,
das Hildegardforum - mit seinem Kräutergarten.

Oder besucht das Binger Museum - das Euch - qualifiziert,
mit seiner Daueraustellung über Hildegard - gut informiert.

Viel erfahrt Ihr - über Hildegards Lebensart,
in der Eibinger Abtei - Sankt Hildegard.

Die Benediktinerinnen dort - gerne Auskunft geben,
über Hildegards Bedeutung - und auch ihr Leben.

Dann besucht noch - den großen Hildegardschrein,
in der Kirche zu Eibingen - bei Rüdesheim.

Nun habe ich - über meine Nachbarin genug berichtet,
vieles was ich schrieb ist wahr - nur ein wenig erdichtet.

Ich hoffe - mein Ziel erreicht - welches ich mir gesteckt,
und Euer Interesse - an Hildegard von Bingen - geweckt.

So macht Euch auch - in anderen Büchern schlau,
über diese - wahrhaftig - außergewöhnliche Frau.

Oder - am Sinnvollsten - geht einfach mal hin,
zur Hildegard von Bingen - meiner Nachbarin.

Für die freundliche Unterstützung
bedanke ich mich bei:

Gerhard Hoffmann geb. Hebermehl

Horst-Dieter Kossmann

Pater Dr. Josef Krasenbrink

Umschlag vorne:
Bearbeitete Miniatur aus dem „Scivias"

Umschlag hinten:
„Hildegards Tod" - Teilansicht des Hildegard-Altar
in der St. Rochuskapelle in Bingen am Rhein

Quellenangabe

„Auf den Spuren Hildegards von Bingen"
von Pater Dr. Josef Krasenbrink

„Binger Geschichtsblätter"
20. Folge - Hildeagrd von Bingen
herausgegeben von der Historischen Gesellschaft Bingen e.V.

Historisches Museum am Strom - Hildegard von Bingen

Stadtarchiv der Stadt Bingen am Rhein

Amt für Touristik der Stadt Bingen am Rhein

Landesarchivverwaltung Rheinland-Pfalz
Landeshauptarchiv Koblenz
Landesarchiv Speyer

„Hildegard von Bingen 1098 - 1179"
Herausgegeben von Hans-Jürgen Kotzur

Internet-Recherchen:
www.abtei-st-hildegard.de
www.staff.uni-mainz.de
www.wolfgang-schuhmacher.de
www.ars-magica.net
www.heiligenlexikon.de
www.rainerbusch.de
und viele andere